Paul Jäckel

Egenolf von Staufenberg

ein Nachahmer Konrads von Würzburg

Paul Jäckel

Egenolf von Staufenberg
ein Nachahmer Konrads von Würzburg

ISBN/EAN: 9783743631427

Hergestellt in Europa, USA, Kanada, Australien, Japan

Cover: Foto ©ninafisch / pixelio.de

Weitere Bücher finden Sie auf **www.hansebooks.com**

Egenolf von Staufenberg
ein Nachahmer Konrads von Würzburg.

Inaugural-Dissertation

zur

Erlangung der Doctorwürde

der

hohen philosophischen Facultät der Universität Marburg

vorgelegt von

Paul Jäckel
aus Görlitz.

MARBURG.
Universitäts-Buchdruckerei (C. L. Pfeil).
1898.

Von der Facultät als Dissertation angenommen am
3. Oktober 1896.

Schon Jänicke hat in seiner Ausgabe des „Peter von Staufenberg" (Altdeutsche Studien. Berlin 1871) darauf aufmerksam gemacht[1]), dass sich in dem kleinen Rittermärchen zahlreiche Nachahmungen Konrads von Würzburg — in ganzen Versen und in einzelnen Wendungen — finden; in den Anmerkungen ist auch ein Teil dieser Nachahmungen nachgewiesen. Er hält es für wohl wahrscheinlich, dass „der Bearbeiter des Gedichts Konrad von Würzburg kannte." „Jedenfalls wird es," so schliesst er, „der Mühe wert sein, das Gedicht auch in dieser Beziehung einmal zu untersuchen."

Viel bestimmter giebt E. Schröder in der neuen Ausgabe des Gedichts (Zwei altdeutsche Rittermären. Berlin 1894) sein Urteil ab. Er erweist zunächst den Schluss des Gedichtes, der nur in dem Druck, nicht in der Handschrift steht, als echt und rettet so den Namen des Dichters Egenolf von Staufenberg und setzt die Abfassung um 1310. Die Jugend dieses Ritters, der zwischen 1320 und 1324 gestorben ist, „war wohl" — so vermutet Schröder — „in jene Zeit gefallen, wo in Strassburg nach dem Sturze Bischof Walthers von Geroldseck eine neue Blüte des Adels und der ritterlichen Künste auch der Litteratur günstig gewesen war." Für diese Datierung stehen ihm jetzt noch zwei Urkunden zur Seite, in denen Egenolf von Staufenberg bezeugt wird: eine Karlsruher Urkunde v. J. 1273[2]) und eine Urkunde König Rudolfs v. 2.

---

[1]) p. 60.
[2]) „*Herr Dietherich, herr Egelolf und herr Andreez von Stoufenberg und Abt und Konvent von Gengenbach vereinbaren, dass ihre Misshelligkeiten durch vier Schiedsleute entschieden werden sollen. Die Stauffenberger wählen herrn Albrechten von Steineburne, Domherrn zu Strassburg, und herrn Reinbolden, den Liebencellere, das Kloster herrn Walther von Mulberg und meister Bertolt von Ichenheim. Obmann ist herr Walther von Gerollesecke der alte.*" Vergl. A. Schulte, Zschr. f. Gesch. d. Oberrh. N. F. IX, 336 ff.

Mai 1285¹). Zu dieser Zeit lebte Konrad von Würzburg, dem Egenolf Stil und Reminiscenzen verdankt, noch; er starb 1287. Ferner, hielt es Jänicke nur für wahrscheinlich, dass der Bearbeiter unsres Gedichtes Konrad von Würzburg kannte, so geht Schröder noch einen Schritt weiter: ihm ist die Bekanntschaft des Dichters Egenolf mit bestimmten Werken Konrads von Würzburg unbedingt gesichert: mit dem Weltlohn, Herzmäre, Otto, Schwanritter, Engelhard, Partonopier, Trojanerkrieg; zweifelhaft sind ihm Silvester, Alexius²).

Wie unten gezeigt werden wird, sind **nahezu 40 Verse des Peter von Staufenberg** — und keineswegs etwa nur formelhafte — **wörtlich aus Konrad zu belegen**. Die auffallendste Aehnlichkeit zeigt das Märchen mit dessen Partonopier, dem ganze Situationen und mit diesen noch wörtlich gleichlautende Verse entliehen sind. Rechnet man noch die oft zwei Zeilen umfassenden sicheren Reminiscenzen, die allerdings nicht gerade bis auf den Buchstaben mit Konradischen Versen übereinstimmen, dazu, so **kommt von den noch nicht 1200 Versen des Gedichtes auf knappe 30 Verse ein Vers aus Konrad von Würzburg**.

Aber nicht nur in zahlreichen Reminiscenzen zeigt sich die intime Vertrautheit unseres Dichters mit den Werken Konrads, sondern auch in der allgemeinen Nachbildung seines Stils.

Nachahmungen Konrads von Würzburg lassen sich ja bei Späteren vielfach nachweisen, aber keiner von ihnen hat den Werken Konrads soviel wie der Dichter des Peter von Staufenberg entliehen. Bedenkt man, dass von Konrads Werken eine ganze Reihe nur in einer Handschrift auf uns gekommen sind: — Engelhard nur in dem alten Druck, Partonopier und Meliur, Silvester, Pantaleon, Schwanritter, Turnei von Nantheiz, Klage der Kunst nur in je einer Handschrift, — so lässt sich die umfassende Kenntnis der Werke Konrads, die im Peter von Staufenberg zu Tage tritt, nur daraus erklären, dass die Heimat unsres Dichters die nächste Umgebung von Strassburg

---

¹) Vergl. Fester, Regesten der Markgrafen von Baden und Hachberg (S. 53) Nr. 551.
²) und Halbe Birne.

war, wo auch Konrad von Würzburg, vielleicht vor seiner Uebersiedelung nach Basel, eine Zeit lang gelebt und auch mehrere seiner Werke in den sechziger und siebziger Jahren des 13. Jahrhunderts gedichtet hatte. Die nachstehenden Seiten verfolgen den Zweck, den Dichter des Märchens bis ins einzelne als Nachahmer Konrads von Würzburg zu charakterisieren. Der Nachweis wird sich nach dem oben Gesagten erstens erstrecken auf die allgemeine Kopierung des Stils und zweitens auf die direkten Reminiscensen, die als die Frucht eifriger Lektüre ganz bestimmter Werke Konrads von Würzburg zu betrachten sind.

Für die einzelnen Werke Konrads von Würzburg sind folgende Abkürzungen angewandt: *A = Alexius, E = Engelhard, GS = Goldne Schmiede, Kl = Klage der Kunst, L = Lieder und Sprüche, M = Märe von der Minne, O = Otto, P = Partonopier, Pant = Pantaleon, S = Silvester, Schw = Schwanritter, TN = Turnei von Nantheiz, Tr = Trojanerkrieg, W = Weltlohn*; ausserdem *HB = Halbe Birne*[1]). Dieser schmutzige Schwank, höchst wahrscheinlich kein Konradisches Werk, ist hier doch mit herangezogen worden, weil er wahrscheinlich vom Dichter des Peter von Staufenberg auch als ein Werkchen Konrads von Würzburg in Strassburg gelesen worden ist; die Belege daraus sind in eckige Klammern gesetzt.

Was die Ausgaben anlangt, so habe ich für die Konradischen Werke die bei Scherer S. 736 angegebenen benutzt, nur für das Herzmäre diejenige Lambels (Erzählungen und Schwänke).

---

[1]) G. A. Wolff, *Diu Halbe Bir*, Erlanger Dissertation 1893, der sie als ein Werk Konrads nachzuweisen versucht.

I. Teil.
Allgemeine Nachbildung des Stils.

Was Moriz Haupt in seiner Ausgabe des Engelhard[1]) von der Art Konrads, seinen Stoff zu behandeln, sagt, er stehe mit seiner ausgebildeten Redefertigkeit vor dem Gegenstand, nicht mitten im Kreise der Begebenheiten, das lässt sich mit noch mehr Recht von dem Dichter des Peter von Staufenberg behaupten, nur dass bei ihm die ausgebildete Redefertigkeit obendrein nicht eigenes Produkt, sondern von seinem Vorbild übernommenes Gut ist. Schröder hat sein Urteil darüber so gefasst, dass der Stil Konrads von ihm mit grosser Treue, aber freilich geistlos und oft mechanisch nachgebildet ist.

Der Stil Konrads ist bereits von E. Joseph in seiner Ausgabe der Klage der Kunst (QF 54. 1885.) S. 28—71 in den Hauptzügen eingehend behandelt; auch G. A. Wolff hat in den Anmerkungen zur Halben Birne auf manche stilistische Eigenart Konrads hingewiesen und vor allem zahlreiche Belege aus seinen Werken gesammelt. Halte ich mich in diesem Teil am Anfang, wie auch Wolff gethan hat, im allgemeinen an die von Joseph gewählten Ueberschriften, so behandle ich am Schluss desselben mit besonderer Ausführlichkeit noch das Epitheton, weil dieses ganz besonders geeignet ist, den weitgehenden Einfluss Konrads auf den Dichter des Peter von Staufenberg deutlich erkennen zu lassen.

---

[1]) p. XIII der zweiten, von E. Joseph besorgten Auflage.

Wer sich mit dem Stile Konrads von Würzburg etwas
näher beschäftigt hat, kennt seinen Sprachreichtum, weiss, wie
gern er den Ausdruck zu variieren sucht und Synonyma ver-
wendet. Auch Egenolf bietet für Wechsel im Ausdruck genug
Beispiele, in dem kleinen Gedicht haben wir eine

Fülle an Synonymen.

Im lat in sin herze gan 4, *sich flize(n)t* 15. 25, *wil sich lan beziehen*
22. — *im lat wesen leit* 6, *er kan... fliehen* 21. — *verlie* 10,
gelan 11. — *ich rede ez gar an allen*[1]) *wan* 12, *fürwar sag ich
üch ungelogen* 33, *fürwar ich üch daz sagen sol* 160, *daz ist war*
248, *dir sag ich uf die trüwe min*[2]) 332, *fürwar ich dir daz sage*
398., *werlich* 472. 746., *ich spriche diz uf minen eit* 690, *daz nim
ich uf die trüwe min*[2]) 697, *werlich uf die trüwe min*[2]) 884, *daz ich
üch sage, daz ist war* 924, *ez ist war daz ich üch sage* 928, *die
rede ist war uf minen eit* 930. — *nach eren ringen* 17. 36., *ere
ervehten* 39., *erstriten . . vil eren* 122., *nach eren werben* 1167[8]). —
in siner jugent 26., *sine kintheit* 29, *in sin jungen tagen* 165. —
arebeit 37., *ungemach* 87. 288., *truren* 309., *jamer* 1094, *not* 1128.
— *vor wandel . . . behuot* 57, *wandels eine* 307. — *sprach er alle
morgen zuo* 71, *des enliez er niemer tag* 75, *als er bi wile dicke
tet* 204, *als er ouch alle morgen tet* 753. — *ersterben* 74, *sterben*
396. 629. 926. 1088, *verderben* 630. 1087, *(vor zite) gan* 645, *sin
ende nemen* 1151; *bin ich lebend unde tot* 1127, *der tot sin herze
brach* 1150. — *was er von herzen fro* 83, *sin herze fröuden pflag*
170, *von herzen wart er sunderfro* 291, *des wart er fröidenriche*
550, *wart . . . harte fro* 319, *tet in dicke frælich wesen* 163, *tet in
dicke hohgemuot* 168, *siner künfte fro* 175, *siner kunft . . . gemeit*
810. — *im verswünd sin ungemach* 87. 288, *davon sin truren gar
zergieng* 309. — *man im daz beste jach* 88. 115, *wart er gesehen*

---

[1]) Ueber die Lesart s. u. S. 26. Anm. 2.
[2]) *uf die trüwe min* Tr 27834.
[8]) Vergl. *TN* 1118. *P* 30. 13644. 1452—3. 14508. 16741. 16787.
Tr 18551. 25808. 33293. 30631.

den besten ie geliche 118, man müeste in für den besten han 156,
er der beste was genant 841. — der hel errarn so manig lant 92,
durchfuor manig lant 151. 599, in den landen fuor 153. 739.
917. — in der heidenschaft 124, manger ungetoufter man 128,
manges wilden heiden 138. — sprachent allesamen 142, sprachent
alle 877, sü sprachent algemeine 936. — min (din, daz) herz
begert 182. 317. 348. 393. 475. 588. 714., swar ie gestuont dins
herzen gir 363. — got well zerstæren miner grozen sünden teil 186,
got vergesse alle dine missetat 466. — si sazent uf und ritent dan
199, reit . . sinen pfat 511, er huop sich balde uf die vart und
reit . . . 536. 974., er dannen reit 975. — alterseine 208. 381. 545.
935., almuoterein 222. 470., muotereine 286, alleine 289, eine 322.
495. einig 330. — ouch hat sü an . . . 226, sü truog ouch . . . an
246. — des wart sin herze an freuden wunt 278, betrüebet was
709. 881., wart . . . ungemeit 1066. — sin herz durchschoz der
minne brant 290, des ritters herze wart enzunt 304. — nu danke dir der
werde got 300, got lone dir 553. — er sü umbevieng 310. 420. 488. 554.,
sü umbesloz ouch sinen lip 490. — ich dir bin mit trüwen mite 333, ich din
ie mit trüwen pflag 367, 979. — han ich din gepflegen 335 (pflag ich din
343. 358), huot ich din 338. 350. 352. 355. 361., kund ich din wol
gewarten 360, was ich . . . bi dir 364. — unz an minen tot 375.
729., die wil mir got daz leben gan 419, die wile ich han daz leben
min und mir got der sunne gan 585. — muostu ane elich wip sin
384, du elich wip verbirst 390, ich wil kein elich wip 685, die e die
wil ich miden 688. — nimst ein elich wip 395 (641. 925), du solt
min muomen nen 885, ein wip du nimest zuo der e 986, sü dir
vereinet wirt 989. — da man mit tribe der minne art 428, die
ganzer minne wellent pflegen 563. — laz ez nu zemale varn 441,
sü ez liezent bliben 669. — fründ und geselleschaft 593, fründe und
gesellen 598[1]). — man im gebe ein elich wip 627, ichs üch gebe zuo
der e 865. — er ouch lat kein kindelin 631, keinen erben nach dir
lan 646. — den tuo also mit worten schin 736, dir tuon ich . . .
bekant 898. — stille und überlut 742. 1030, stille und offenbar 1162.
— rilich varn 789, ritterliche varn 801, vert so weideclich 803.
— sü sin ewip solte sin 963, die sin gemahel solte sin 1071, die im
was geben zuo der e 1109. — solt dich sumen lenger niht 996,
hiez do nüt me beiten 1095. — got der tuo diner sele rot 1004, die
neme diner sele war 1138.

---

[1]) Ueber die Lesart s. u. S. 18.

Dass der Dichter des PvSt in dem Bestreben der Aufführung der einzelnen Personen unter möglichst wechselnden Bezeichnungen nicht hinter seinem Vorbild zurücksteht, möge die folgende Zusammenstellung zeigen.

Der Ritter heisst: *ritter wol gezogen* 34, *werder ritter her* 49. 150. 766, *Peterman der Diemringer* 50, *degen uzerkorn* 51, *ritter edel unde guot* 58, *der edel und der stete* 62, *der hohgeborne leie* 80, *stolzer ritter* 91. 131, *der selbe degen here* 93, *fromer ritter* 97, *werder man* 130. 420. 488. 814, *der unverzagte werde man* 157, *ritter guot(e)* 167. 402. 1139, *der helt* 171. 431. 1155, *werder ritter* 176. 575, *der helt an manheit uzerlesen* 178, *herr* 198. 275. 280. 284, *der tugenthafte man* 200. 409. 523. 527. 540. 602. 780, *ritter lobelich* 370. 726, *edel ritter wert* 476, *ritter wol geslaht* 502, 707, *der degen milte* 610, *werder gast* 637, *junger ritter* 702, *ritter lobesam* 750, *ritter unverzaget* oder *unverzeit* 772. 797. 849. 1005[1]), *der milte ritter wert* 774, *der werde degen* 791, *der milt von Stoufenberg* 800, *von Stoufenberg her Peterman* 822, *von Stoufenberg der milte* 837, *der vil gezeme* 844, *der ritter stete* 912, *der ritterliche man* 933, *ritter her* 1010, *der edel ritter here* 1158, *der türste ritter* 1163; — in der Anrede: *herre* 192. 878. 932, *Min lieber frünt* 300. 377. 576, *ritter lobesan* 328, *frünt* 331. 394, *ritter* 335, *ritter milte* 343, *ritter wert* 347. 450, *min frünt so zart* 350, *min frünt* 366. 439. 553, *herzeliep* 441, *trut* 454, *guot ritter* 469, *min liep* 497, *min lieber man* 586. 744, *lieber frünt* 638. 678, *helt so ritterlich* 644, *min trut* 717. 730, *liep* 720, *vil werder ritter zart* 882, *ritter guot* 898. 1079, *herzelieber man* 981. 1114, *du liep* 1118. —

Die Fee wird bezeichnet als: *ein frouwe* 208, *die zarte reine* 214, *die werde frouwe guot* 219, *frouwe* 222. 270. 272. 303. 306. 308. 318. 376. 932. 977., *die selbe schœne frouwe clar* 247, *die schœn(e)* 286. 289. 312, 574. 586. 985., *frouwe clar und schanden fri* 324, *die minnecliche clar* 404, *daz minnecliche wip* 421, *die clare* 424, *frouwe lobesan* 432, *frouwe zühteclich* 446, *frouwe werde* 483, *daz schœne minnecliche wip* 489, *frouwe wol getan* 496, *die schœne minneclich* 544, *die schœne frouwe* . . . *kluog und weidenliche* 549, *frouwe wol gelaht* 558, *die schœne frouwe* 612. 749, *sin liep* 716, *(dins) herzen trut* 741, *minneclichez wip* 913, *(min) frouwe* 923. 929, *die schœne vin* 978, *schœne frouwe minneclich* 1011, — in der Anrede: *frou(we)* 293. 298. 374. 403. 416. 580, *hohgelopte fruht* 294, *allerschœnstez wip* 295, *frouwe hohgeborn* 315, *werde reine*

---

[1]) so richtig d] *hohgemelt* h; vergl. unten S. 47.

321, schænez wip 371, frouwe min 444. 494, werde frouwe 463, schæne frouwe min 551, lieb 582. 728, herzeliebe frouwe min 713, min frou 934. Der König wird genannt: ein fürste 758. 812, künig lobesan 796, erwelter künig 846, fürste lobesam 848, herre 852, herre min 889; — dessen Muhme: ein einig muome 869, muome werde 871, min muome 885. 902, maget edel unde vin 890, maget rich von hoher art 962, juncfrouwe 972, brut 1014. 1029. 1128. 1154, die clare, die sin gemahel solte sin 1070, min trut, min liep, min frouwelin 1072, daz megetin 1076, edle frouwe min 1082, maget minnenclich 1090, die clare 1092, maget lobesam 1108. zarte maget vin 1112, die magt 1144; — die Brüder des Helden und andern Verwandten: brüeder lobesan 620, lieben mage 621. 533. 815, mage 625. 785, lieben frünt 653, fründe 668, liebsten fründe 735, die sin 975, (vil) lieben brüeder 1111. 1143, brüeder hohgemuot 1140, — ein Verwandter wird besonders genannt: wiser man 673, sin naher sippe 675, der alte 693; — der Knappe des Helden: knabe 179. u. ö., der jüngelinc 706; — die Fürsten beim Feste: fürsten 761, die werden und die frechen fürsten 876, fürsten wol getan 906. — Gott wird genannt: von himel got der guote 8, got von himelrich(e) 68. 543, got von himel 76. 1174, der werde got von himelrich 301, der werde got von himel 528, von himel got 480. 751. 802. 1080. 1146, der werde got 1137. — Maria heisst: die zarte muoter sin 69. 529. 1081, werde süenerin 70, himelküniyin 530, sin werde muoter zart 783, maget lobelich, die den werden got gebar 1136, küniyin 1147, werde muoter sin 1175.

Ein Mittel poetischer Darstellung, das Konrads Stil noch mehr charakterisiert, ist seine

Neigung für gepaarte Ausdrücke [1]).

Man schlage eine beliebige Seite in seinen Werken auf, die Anzahl Beispiele, die man dafür findet, überzeugt, wie jenes natürlich auch von andern Dichtern verwendete Mittel bei ihm zu vollkommener Manier geworden ist. Denselben Eindruck aber gewinnen wir, wenn wir im Peter von Staufenberg auch nur einige Seiten flüchtig lesen: auch Egenolf zeigt eine unverkennbare Vorliebe für zweigliedrige Wendungen, und man merkt, sie geht auf das Vorbild des Meisters zurück. Ich stelle im folgenden die nur dem Dichter des Peter von Staufen-

---

[1]) Joseph S. 29.

berg eigenen Ausdrücke voran und lasse dann die übrigen, die sich aus Konrad von Würzburg belegen lassen, worunter viele formelhafte, folgen.

merken und verstan 3[1]). — *der edel und der stete* 62. — *got von himelriche und ouch der zarten muoter sin* 69, *den werden got von himel und ouch die zarte muoter sin* 528, *got . . und sin werde muoter zart* 782, *von himel got und ouch die zarte muoter sin* 1080, *got . . und ouch die maget lobelich, die den werden got gebar* 1135, *got von himel . . ., darzuo die werde muoter sin* 1174. — *in Engellant . . . und ouch in Frankenriche* 116, *in Engellant und Frankenrich* 357. — *in Tuscan, in Lamparten* 119, *ze Tuscan, in Lamparten* 359. — *hort man die frouwen zarten und mit flize im heiles biten* 120. — *mit manheit und mit ritters kraft* 123[2]). — *ze kleine noch ze groze* 134. — *weder ze kurz noch ze lanc* 135. — *bretspiles . . . und manger leie seitenspil* 161[3]). — *mir daz pfert und dir daz ros* 181, *ros und ouch pfert* 195 *(Tr.* Fortsetzung 49011 *manic ros unde pfert).* — *bede groz und ouch klein* 260. — *sii was so lobeliche und also wunneclich gevar* 269. — *vor Valwen und vor Rüzen* 356. — *an roten munt, an wengelin* 493. — *ze sinen brüedern ..... und andern lieben magen sin* 620, *sin brüeder und die mage* 625, *die brüeder und ouch die liebsten fründe din* 734, *die brüeder und die mage sin* 785, *ich und die lieben mage min* 853, *üch und ouch den andern allen* 857. — *zimlich unde reht* 654[4]). *so rehte wol getan und also minneclich gestalt* 860. — *manig werder man und manig frouwe lobesan* 1015 f. — *von herren und von frouwen* 1019. — *wart do schœner nie noch minneclicher fuoz gesehen* 1034. — *mang ritter und manig wunneclichez wip* 1066 f. — *beide wip man unde kint*[5]) 1086. — *lebend unde tot* 1127. — Vergl. noch V. 542 in der Lesart von *d vil bald und vil getrate (mit fröide gar getrate h;* s. u. S. 18.)

Formelhaft und daher auch meist aus Konrad von Würzburg zu belegen sind folgende gepaarte Ausdrücke:

substantivische:

---

[1] *merken unde horren* S 100.

[2] *an manheit und an krefte* Tr 6547, *(beide) manheit unde kraft* Tr 37125. 39859.

[3] *schachzabel unde seitenspil* E 756.

[4] bei Konrad von Würzburg nicht nachzuweisen; vergl. Jänicke S. 47 zu V. 670.

[5] *beidiu muot hers unde lip* Tr 4745; *wip kint unde man* Tr 11700. [*beide man kint unde wip* Tr Fortsetzung 48204, *man wip oder kint* Tr Fortsetzung 46117.] Vergl. Jänicke S. 50.

in herzen und in muote (: guote) 7. 401. — bei KvW sehr
oft: *Pant* 381. *E* 5813. *P* 119. 2532. 4699. 10192. 10247. 10565.
11659. 12081. 12097. *Tr* 15954. 17853. 29599. 33996. 34871.
37913. u. ö.
frouwen oder man 14, *bede frouwen unde man* 993
1027. 1084. 1173, *frouwe unde man* 1060; bei KvW
frouwen oder man Pant 2071. *(beidiu) frouwen unde (ouch) man
S* 1878. *A* 73. *E* 136. *P* 17404. *Tr* 1161. 2136. 19571. 23060.
23407. u. s. o.

an libe und ouch an guote 19, *mit libe und ouch mit
guote* 617. *des*[1]) *libes und des*[1]) *guotes* 793; bei KvW
mit libe und ouch mit guote Schw 472. *P* 6503; *des libes und des
guotes Tr* 6503. 30123; *mit libe und mit dem guote Tr* 7415. 9083.
9427. 11491. u. ö., *mit guote und ouch mit libe E* 5087; *lip unde
guot Tr* 5615. 12072. 12142. 12154. *E* 1425. 1529. 5791. u. ö.
[*HB* 469.] *guot unde lip P* 4820; *weder lip noch guot P* 14647.
20104; *an libe noch an guote F* 16919.

mit rittern oder knehten 40, *ritter unde kneht* 1106;
bei KvW *ritter unde kneht Kl.* 21,6. *P* 1025. 1339. 1786. 3965.
Tr 2126. 26574. 30738. *L* 25,16.

in turnein und in striten 41[2]). 95; *in striten und
ouch in turneie* 78; bei KvW *strit und der turnei P* 8126.
12638.

armen und ouch richen 63; bei KvW *beide arm(e)
und(e) rich(e) S* 2310. 4874. *Tr* 9. 1626. 2123. 10309. 10359.
10375. 10823. 15003.

ros unde man 109; bei KvW *ros unde man Tr* 30106.
30994. 32476; *man unde ros Tr* 23617. 31261. 32712; *ros unde
liute Tr* 31513. 32005. 32026. u. ö.

an tugent und an ere 149; [*an eren und an tugende HB* 39];
bei KvW mit andern Präpositionen *E* 467. *P* 1679. *Tr* 339.
2662. 3289. 8077. 19749. 21001. *A* 138. u. ö., *eren unde tugende
TN* 1133.

schriben unde lesen 164; bei KvW *lesen unde schriben
E* 750. 1846.

min leben ... *und minen lip* 189, *lip unde leben* 406,
bede lip unde leben 417; bei KvW *(beide) leben unde lip
M* 264. 505. *O* 21. *P* 2826. 11357. 19224. *E* 3585. *A* 169.
Tr 9505. 12209 u. ö., *lip unde leben P* 1247. 1287. 18131. 21444.
Tr 9523. 14499. 24191. *O* 354. u. ö.

---

1) **s o d**, *libes unde guotes h* (Schröder), vergl. u. S. 31 u. Teil II zu
Tr 30123; ferner *des libes und des muotes Schw* 801. *des libes und des verhes
Schw* 1083, *des herzen und des muotes Tr* 27011.

2) **u n d i n d**, oder *h*; vergl. u. S. 32.

von fleische noch von beine 213; bei KvW *von fleische noch von beine* Schw 276. P 8526. Tr 12962; *von beine noch uz fleische* P 1540; ähnlich *Tr* 10771. GS 1282. 1672. 1710. *Pant* 1549. 1862. P 9366. Tr 37. 12851. 19733. 19999. 31170. 40027. 40123.

sel(e) unde lip 296. 938, *lip unde sele* 414; bei KvW *sele unde lip* W 120. E 6463; mit Präpos. A 749. 1375. S 1535. 5201. GS 969. P 1302. Tr 36987.

bede an strazen und an stegen 336; bei KvW *uf stigen und uf strazen* Tr 30811.

in stürmen und in striten 337; bei KvW merkt Joseph zu E 3465 *an in sturmen und an striten* S 1077; ähnlich *Tr* 7237. 19159. 27901.

weder man noch wip 567; bei KvW *weder man noch wip* Tr 38654. *weder wip noch man* P 1394. 12684. *Tr* 14399. *wip noch man* GS 1221. M 53; *man unde wip* E 764. Schw 387. *Pant* 42. 1436. 1531. A 993. P 9760. Tr 817. 1496. 1963. u. ö.

fründe und gsellen 598[1]), *fründ und geselleschaft* 593; bei KvW *friunt und geselle* P 9941.

ez were naht oder tag 614, *beide naht und ouch den tag* 922; bei KvW *beide naht unde tac* oder ähnl. Schw 407. A 410. S 2169. P 7299. 10215. 11130. Tr 17306. 24083, *tac unde naht* A 1219. P 3499. 7498. 7515. 20935. Tr 7897. 8159. u. ö.

eren und ouch guotes vil 639; bei KvW *(vil) eren unde guotes* P 2869. Tr 6654. 22965. Schw 1201. A 70. *guotes unde .. eren* P 16839. Tr 20544; ähnl. E 109. P 17392. Tr 2061. 3282. u. ö.

schande und leit 647; bei KvW mit *schanden und mit leide* Tr 22273. *leides unde schanden* P 8843.

von leien und von pfaffen 947; bei KvW *die leien und die pfaffen* P 7611; ähnl. S 536. 576. P 10610.

andere (Adjektiva, Verba, Adverbia):

billich unde reht 900; bei KvW A 418. S 5072. *Pant* 1492. 1760. P 8051. 8462. 10104. 12048. E 4121. Tr 5502. 16567.

gesprochen oder gesungen 945; bei KvW *gesprochen und gesungen* W 128, *sprechen unde singen* Tr 132. 173. Beisp. noch bei Haupt zu E 3465.

weder e noch sit (sider) 90. 426; bei KvW *weder e noch sit* Schw 992. E 5810. P 872. 17402. *weder sit noch e*

---

[1]) dafür der ritter edel und clug d; s. u. S. 18.

Tr 1120. *P* 14078. *E* 2451. *enweder e noch sit Tr* 23590. *sit noch
e E* 6431.
stille und überlut 742. 1030; bei KvW *(beidiu) stille
und überlut A* 513. *S* 5207. *P* 7068. *Tr* 827. 5341. 22224. 35126.
E 1053. 4354. 5008. 5078. u. ö.
stille und offenbar 1162; bei KvW *(beide) stille und
offenbar S* 218. 840. *W* 50. *A* 712. 766. *P* 1835. 4359. 8132.
9633. 11620. 17059. 17673. *Tr* 12943. 16324. u. v.
Es **alliterieren**[1]) von diesen gepaarten Ausdrücken:
leben . . lip 189. 406. 417. *an strazen . . . und an stegen* 336, *in
stürmen . . . und in striten* 837.

Doppelpaarige Verbindungen.

Der Dichter des Peter von Staufenberg folgt seinem Vorbild auch, wen er in einem Satz zwei zweigliedrige Ausdrücke parallel neben einander stellt oder auch zwei verschiedene Satzglieder in zwei zweiteiligen Ausdrücken direkt auf einander folgen lässt.

*ze kleine noch ze groze,
weder ze kurz noch ze lanc* 134,35.
*mit rittern oder knehten
in turnein und in striten* 40,41[2]); vielleicht auch 336,37 *bede
an strazen und an stegen in sturmen und in striten.*
KvW bietet solch doppelpaariger Verbindungen sehr viele:
von holze noch von heide, von wazzer noch von weide P 2381. *der
valken und der habeche vil, der sperwær und smerillen P* 2572. —
ir sterbent und erleschent an kreften und an eren Tr 35802. —
kein vogel noch kein wildez tier ze fluge noch ze loufe wart P 4896;
vergl. noch *P* 556. 2692. 5586. 5819. 6292. 6546. 6942. 9760.
10511. 10578. 11505. 14166. 14170. 14206. 14356. 15493. 16754.
17317. *S* 3906. *TN* 126. *Schw* 76. *A* 204. *Tr* 338. 1116. 2206.
2352. *E* 1089. 759,60. *O* 52,53. *Pant* 394,95. 402,3. 1779. u. ö.[3]).

---

[1]) Vergl. *E* 3465 Anm. über Konrads Neigung zur Alliteration.
[2]) **und in d, oder h; s. u. S.** 32. Vergl. auch 62, wo die Satzglieder durch das Verb getrennt sind: *der edel und der stete ert armen und ouch richen.*
[3]) Verstärkung und Steigerung des Ausdrucks durch Wiederholung desselben Worts im Verse wie *die glocken alle und alle* 518. zeigt auch Konrad; vergl. *E* 1625 Anm. *umbe und umbe E* 1339. 3224. *Schw* 1013.
Tr 4215. 32680. *P* 2473. 10545. 20581. 21490. [*HB* 168.] *durch und durch
P* 21025. *gar und gar E* 1625. *L* 2,68. [*HB* 501.] *vil kleine und vil kleine
A* 669; viel häufiger Gottfried von Strassburg, vergl. Bechstein zu Gottfried 12214 *daz wunder und daz wunder*, wo noch 10 Beispiele aus Gottfried aufgezählt sind.

Dreigliedriges Asyndeton.

Konrad liebt es ferner, einen Vers mit einem dreigliedrigen Asyndeton zu füllen; auch hierfür bietet unser Gedicht eine Reihe Beispiele:

Swaben Beiern Ungerlant 114. *in Swaben Beiern Ungerlant* 854. *graven frien dienestman* 605. 1107. *fürsten graven frien* 761. *pfifen tanzen singen* 1065, *min trut, min liep, min frouwelin* [1]) 1072. Wörtlich findet sich davon bei KvW wieder *graven frien dienestman* O 33, das formelhaft mit geringen Abweichungen wiederkehrt: *graven frien herzogen W* 203, *fürsten graven dienestman E* 5085, *künge, fürsten, graven kint P* 8182[2]). Andere Beispiele aus KvW sind: *friunt, herre, trut geselle guot P* 1768 in der Anrede wie V. 1072 des PvSt, *tamburen harpfen gigen Tr* 126. *herren ritter knehte Kl.* 21,6. *mete moraz klaren win P* 2239, *min lip, min guot, min ere E.* 4333; vergl. noch *P* 2634. 12565. *E* 1156.

Asyndetisch finden sich auch drei Adjectiva attributiv vor dem Substantiv: *ir stolzen werden jungen man* 82, *din junger miller* [3]) *starker lip* 724. Beispiele aus KvW dafür sind: *daz reine schœne sœlic wip P* 9838, *der junge süeze werde man P* 11236. *sin clare werde süeze jugent S* 114, ohne Substantiv *P* 10768. *G S* 1190.

Parallelismus der Gedanken.

Das halbe Gedicht etwa müsste ich abdrucken, wollte ich alle Beispiele aus dem Peter von Staufenberg vorbringen, in denen sich unser Dichter einer auch von Konrad bis zum Uebermass verwendeten Art des Ausdrucks, des Parallelimus der Gedanken, bedient. Es ist hier nicht anders, wie bei dem Kapitel über die Neigung für gepaarte Ausdrücke: die

---

[1]) Beiläufig sei hier auf die Vorliebe unseres Dichters für Deminotiva auf -lin hingewiesen, in der ihn sein Vorbild Konrad noch übertrifft. In unserm Gedicht haben wir noch *hendelin* 306. *vingerlin* 454. *wengelin* 493. *kindelin* 631, die alle im Reim stehen. Aus KvW führe ich an *kindelin E* 300. 3457. *GS* 444. *S* 709. *Tr* 463. 513. 536 u. ö., *vingerlin GS* 1902. *M* 397. 474. *A* 231. *Tr* 1312. 9198 u. ö., *frouwelin* [*HB* 252. (vergl. 228 Anm.)]; andere *Pant* 1555. *Schw* 207. 962. *GS* 740. 1892. 1944. *A* 105. 1215. *M* 434. *W* 79. *E* 1797. 1811. 1885. 1918. 2135. 2543. 2603. 2985. 3044. 3098. 3108. 3238. 3244. 3457. 5223. 5334. 5649. 5670. 5701. 5777. 6105. 6289. *P* 12565. 12723. 12736. 14831. *Tr* 381. 389. 612. 786. 1134. 1151. 3053. u. s. ö.

[2]) Vergl. nach *Schw* 76. *TN* 126. *P* 2510. 21745.

[3]) Vergl. wegen der Lesart u. „Epitheta" unter *milt.*

Lektüre einiger Seiten des Gedichts genügt, um zu sehen, wie unermüdlich der Dichter darin ist, wenn es nur angeht, einen Gedanken in zwei oder auch drei zu zerlegen und diese in Parallele zu einander zu setzen. Nur die frappantesten Beispiele aus unserm Werkchen führe ich hier an:

nu lat im got gelingen an libe und ouch an guote, swer sich hat in der huote daz er kan schande fliehen und wil sich lan beziehen zuht trüwe milte und ere, swer volget miner lere und sich flizet tugent 18. — *Der hochgeborene leie der diente gerne frouwen: swa er die mohte schouwen, so was er von herzen fro. uns seit die aventüre also daz er nie so zornic wart. seh er ein schœne frouwe zart, im verswünd sin ungemach* 80. — *swaz er begreif mit siner hant und in sim zorne gerte, swaz er mit sinem swerte moht umbe sich erlangen, umb die was ez ergangen* 98. — *bretspiles kunde er ouch vil und manger leie seitenspil, daz tet in dicke frœlich wesen. er kunde ouch schriben unde lesen, daz lert er in sin jungen tagen. birsen beizen und jagen daz kunde wol der ritter guot, und tet in dicke hohgemuot* 161. — *den minsten möhte nüt ein lant vergolten han nach werde. ez wart uf aller erde kein keiser nie so lobesan, der sü vergolten möhte han mit allem sinem riche* 262. — *die wile ich han daz leben min und mir got der sunne gan* 584. — *sol sin stolzer lip an libes erben sterben! sol er alsus verderben daz er ouch lat kein kindelin!* 628. — *heiz alle die bi dir gestan, bede frouwen unde man, die mit dir hie ze hove sint, bede. wip man unde kint* 1083. — *ist daz ich verdirbe und also nu hie stirbe* 1087. — vergl. noch VV. 2—7, 63 f., 194—97, 210—221 (210—15 u. 216—221), 287—90, 369—72, 738—41, 1052—54.

Breite der Darstellung[1]).

Da wo sich Konrad am meisten in behaglicher Breite der Darstellung gefällt, in der Beschreibung des Helden oder auch sonst auftretender Personen, da hat auch Egenolf seine Mühe und Kunst aufgewandt, durch möglichste Zerdehnung des Stoffes seinen Lesern Bilder zu bieten, wie sie ausführlicher nicht gewünscht werden können[2]). Die Charakteri-

---

[1]) Joseph S. 31.

[2]) Als einen Vorzug Egenolfs müssen wir es ansehen, dass er Konrad nicht in dem Ausspinnen endloser Reden gefolgt ist; abgesehen von der ersten grösseren Entgegnung der Fee an den Ritter, die durch Anwendung einiger freier Anaphern (s. S. 30) auf 41 Verse gebracht ist, sind die Reden und Dialoge nicht länger, als es der Inhalt erfordert, ausgedehnt.

stik des Helden und der Fee gab ihm Gelegenheit, jedes Moment der Schilderung einzeln aufzuführen, Eigenschaft für Eigenschaft einzeln auszumalen, wie es sein Vorbild gethan hat. Man vergleiche in der Charakteristik des Helden, die V. 49—168 umfasst, besonders V. 67—79, wo sein frommer Sinn, V. 90—156, wo seine Ritterlichkeit in aller Breite geschildert wird, und in der der Fee V. 208—269, wo von ihrer Schönheit V. 209—21, von ihrer Kleidung V. 226—267 erzählt wird. Ich erinnere hierbei z. B. an die ermüdenden Beschreibungen der Engeltrut E 2966—3102, der Irekel P 8622—8762, des Ritters Schw 900—28, der Helena Tr 19902 — 20317. u. a. m. — Weiterhin aber sind zahlreiche Wiederholungen, die häufige Einschiebung leerer Flickverse, eine Menge Umschreibungen, durch die einfache Begriffe vermieden sind, ein Zeugnis dafür, wie wenig Egenolf Wert darauf legte, den Stoff in angemessener Kürze in Verse und Reime zu bringen. Ein Vorbild in dieser Kunst war ihm Meister Konrad allerdings auch nicht gewesen. Ich gehe auf die eben erwähnten Punkte etwas näher ein.

Wiederholungen.

Besonders charakteristisch ist es für den Dichter unseres Märchens, dass er sich in Versen, die nur wenig Zeilen von einander entfernt sind, fast wörtlich wiederholt; dieselbe Wendung, mit der er eine kurze Rede einschaltet oder ein neues Moment der Erzählung einleitet, lässt er am Ende derselben mit nur gering verändertem Wortlaut wiederkehren:

71 *sprach er alle morgen zuo*
. . . .
75 *des enliez er niemer tag.* —
274 *er torst niit stille haben*
. . . .
281 *davon torst er niit stille haben.* —
292 *vil zühteclich er sprach also*
. . . .
299 *sprach der ritter do zuo ir.* —
564 *sü liezent wenig under wegen
swaz zuo der minne hæren mag,*
. . . .

571 *swaz zuo der minne hæren sol,*
daz kundent sü getriben wol. —

Hierbei ist freilich zu beachten, dass die **Wiederkehr gleicher oder engverwandter Wörter und Ausdrücke** ganz besonders im Text der Handschrift (*h*) hervortritt. In nicht wenigen Fällen bietet der Druck (*d*) Variation des Ausdrucks, wo *h* sich sorglos, oft wörtlich, wiederholt.

1005 *h* und *d: Do gedaht der ritter unverzeit*[1]). Nun hat *h* 1013 *Hiemit der ritter vil gedaht*, während sich in *d* die durchaus dem Gedankengang der Stelle entsprechende Lesart *des hat er sich vil wol bedaht* findet und ausserdem V. 1009—12 fehlen. — Um eine bestimmte Wirkung zu erzielen, greift der Dichter zum Mittel der Wiederholung in direkter Rede: 924 *daz ich üch sage daz ist war*, 928 *ez ist war daz ich üch sage*, 930 *die rede ist war uf minen eit*. Auch hier variiert *d* 928 wenigstens etwas: *für war ich üch daz sage.*

In *h* entsprechen sich dann

628ff.... *sol sin stolzer lip*
an libes erben sterben!
sol er alsus verderben
daz er ouch lat kein kindelin?
daz muoz uns iemer schande
sin.
vil gerne im git ein fürst
sin kint,
davon wir alle geret sint.

645 ff. *soltestu vor zite gan*
und keinen erben nach dir
lan,
daz were uns allen schande
und leit.
so ist noch manig fürst
gemeit
der dir sin tohter gunde wol.
. . . .
des habent er die fründe
din.,

während in *d* V. 643—56 mit ihrer Wiederholung fehlen.

V. 445. 581. 684. hat *h* an allen drei Stellen *swaz ir gebietent, daz tuon ich*, dagegen bietet *d* V. 445 (also an erster Stelle) und *was ir wellet daz tuon ich* = *Tr* 8381 *swaz ir wellet daz tuon ich.*

V. 537 und *reit mit fröiden wider hein;* 542 lesen wir bei *h* wieder *mit froide gar getrate*, dagegen bei *d vil bald und vil getrate*[2]). — 593 *fründe und geselleschaft*, bei *h* nun 598 *wan er gab fründe und gsellen genuog*, bei *d der ritter edel unde cluog*. — 620 *ze sinen brüedern lobesam und andern lieben magen sin*; bei *h* nun 625 wieder *sin brüeder und die mage*, dagegen bei *d sin fründ und*

---

[1]) Ueber die Lesart unterstellt s. o. S. 47 unter *hohyemut*.
[2]) s. o. S. 11 unter „Neigung für gepaarte Ausdrücke."

ouch sin mage. — Ebenso sind bei *h* V. 87 und 288 wörtlich übereinstimmend *verswunden was sin ungemach*, wo *d* wieder an erster Stelle V. 87 die Variante im *verswünd sin ungemach* hat. — 506. 524 *h: behende*, 506 *d: geswinde.* — 523. 527. 540 *h: der tugendhafte man*, 527 und 540 *d: der tugendliche man.*

Mag man sich nun in den oben genannten Fällen — im einzelnen oder auch durchweg im Prinzip[1]) — für die Lesarten von *d* entscheiden, es bleiben noch genug andre Beispiele übrig, wo *h* und *d* gemeinsam dafür zeugen, wie wenig sich unser Dichter davor scheute, dieselben Gedanken, dieselben oder wenig verschiedene Wendungen und Ausdrücke, oft ganz kurz hinter einander, wiederkehren zu lassen. Die ganze Vorgeschichte des Helden, die uns schon am Eingang erzählt ist, lässt er etwa 200 Verse weiter die Fee in wenig veränderten Worten wiederholen: *davon din lob wart wite erkant: Swaben Beiern Ungerlant ... in Engellant wart er gesehen und ouch in Frankenriche ... in Tuscan, in Lamparten ... alsus hete er erstriten ... vil eren in der heidenschaft ...* 113 ff., davon *din lob wart wite erkant in Swaben Beiern Ungerlant ... in Engellant und Frankenrich ... ze Tuscan, in Lamparten ... dort bi dem fronen gotes grabe, da du wurde ritter wert* 346 ff. — Ganze Gedanken kehren in dem verhältnismässig kurzen Gedicht noch wieder:

8 *von himel got der guote, der getrüwez herze nie mit der hilfe sin verlie*[2]) u. 411 *got ... wan er getrüwez herze nie mit der hilfe sin verlie.* — 63 *got von himelriche und ouch der zarten muoter sin ... sprach er alle morgen zuo*, 203 *wolte sprechen sin gebet als er bi wile dicke tet*, 751 *von himel got er ane rief, als er ouch alle morgen tet.* — 361—2 *ich huote in allen landen din vil wol vor schanden* kehrt am Schluss wieder: 1160 *er sich vor schanden behüetet hate al sine jar.* — 426 *weder e noch sider græzer liebe nie enwart* u. 566 *græzer liebe nie gepflag uf erden weder man noch wip.* Wenig Variation des Ausdrucks zeigen auch die sich entsprechenden Verse:

395 ff. *aber nimst ein elich wip, so stirbet din vil stolzer lip darnach am dritten tage: fürwar ich dir daz sage*	925 ff. *swenne ich nime ein elich wip, so stirbet mir min junger lip darnach an dem dritten tage, ez ist war daz ich üch sage.*

---

[1]) S. Schröder, Zs. f. d. A. 38, 107 ff. [u. Wilmanns Gött. gel. Anz. 1895 o. 408 ff.]

[2]) = M 326 ff.

Zeilenlange Ausdrücke und Wendungen wiederholen sich:
in herzen und in muote 7. 401. — *in turnein und in striten*
41. 95.¹), *in striten und ouch in turneie* 78. — *uns seit die aventüre*
daz 47. 210. — *als ich hievor geschriben las* 48. 624. — *got von
himelriche . . . und ouch der zarten muoter sin* 68, *den werden got
von himel und ouch die zarte muoter sin* 529, und ganz ähnlich 782.
1080. 1174; 1135. — *man seit daz weder e noch sit (sider)* 90.
426. — *der werde ritter here* 150. 766. — *so (do) sprach der ritter
lobelich* 370. 726. — *biz an den jungestlichen tag* 387, *biz an den
jüngsten tag* 677. — *er sprach: genade, frouwe min* 444. 494. —
als ich üch bescheiden wil 592. 868²). — *mit einer wunneclichen
schar* 603. 769. — *graven frien dienestman* 605. 1107. — *do wart
im (in) michel ere schin* 622. 786³). — *waz sol ich sagen mere!*
1022. 1157.

Wiederholungen leichterer Art sind : *nach eren ringen* 17, *nach
eren rang* 36. — *volget miner lere* 24, *volgest . . der lere min* 378.
— *ze beden siten* 42.96. — *des libes sich verwegen* 43, *sich hat
verwegen des*⁴) *libes und des*⁴) *guotes* 792. — *darumbe ist manger
tot gelegen* 44, *des lag vor im vil manger tot* 103. — *sich lat
(liezent) schouwen* 55. 106. 1020. — *alle morgen* 71. 753. — *davon
man in daz beste jach* 88, *die muostent im daz beste jehen* 115. —
bi derselben frist 132. 516. — *hat er mit dem schilte geworben
ritterlichen pris* 146, *wirbt hie mit sinem schilte* 838. — *mit eren*
151. 768. 892. — *durchfuor manig lant* 151, *durchfuor er wite
lant* 599. — *swa er in den landen fuor* 153, *swa du in den landen
verst* 739, *swa ich in den landen var* 917. — *daz tet in dicke . . .*
163. 168. — *fuogte ez sich* 169. 618. 700. 755. — *min herz begert*
182. 317., *din herz begert* 393. 588., *min herze daz begeret din* 714,
din herze hat begert 345. — *leben unde lip* 189, *lip und leben* 406.
417. — *mit zühten . . . neig* 272, *neig mit zühten* 283, *mit zühten*
484. 693., *mit zuht* 656. 808. — *sel(e) unde lip* 296. 938., *lip und
sele* 414. — *do rett . . . nüt dawider* 312, *da rett . . . nüt wider*
706. — *des wart der ritter harte fro* 319, *des was der fürste harte
fro* 812. — *mit trüwen* 333. 367. 979. — *sit du pfert ie über-
schrite* 334, *der ie pfert überschriten hat* 1164. — *unz an minen
tot* 375. 729., *unz an din tot* 385. — *des maht du wol geniezen* 447,
des du noch wol geniezen maht 501. — *von himel got müez dich (in)
bewarn* 480. 802. — *mit froiden* 509. 537. 542⁵). 1075. — *gie*

---

1) und in d, oder h; vergl. u. S. 32.
2) als ich nu hie bescheide dich 379.
3) do wart im michel ere schin erboten; vergl. zu dem Anakoluth die Anm. Jänickes.
4) Ueber die Lesart s. o. S. 12 Aum. 1.
5) Vergl. S. 18.

für den alter stan 524, *giengent für in stan* 776. — *do ruoft der* ...
den werden got von himel an 527, *von himel got er ane rief* 751. —
er huop sich balde uf die vart 556, *der ritter huop sich uf die vart*
974. — *brüedern* ... *und andern lieben magen sin* 620, *sin brüeder
und die mage* 625, *die brüeder und die mage sin* 785. — *man im
gebe ein elich wip* 627, *ein elich wip wil man dir geben* 719. — *sol
sin stolzer lip* ... *sterben* 628, *stirbet mir min junger lip* 926. —
uf minen eit 690. 930. — *durch die ere din* 698, *durch des künges
ere* 765, *durch des ritters ere* 1021. — *er* .. *betrüebet was* 709,
der küng betrüebet was 881. — *an sinem arme lag* 716, *an irm arme
lag* 980. — *bekümert so bistu von mir* 718, *ein wip mit dir be-
kümert si* 737. — *muoz iemer rüwen mich* 725, *mich iemer rüwen
mag* 987. — *ich gib dir rot* 730, *ich gib üch rat* 1166. — *guotes*
... *verzern* 740. 781. 920. — *stille und überlut* 742. 1030. — *ze
hove komen* 764. 788. 851. 1028. — *mit schalle* 799. 823. — *diser
hof ein ende nimt* 805, *der hof ein ende nam* 840. — *daz er ze
sinen eren kam* 813, *ze üwern eren komen sin* 854. — *genade, herre,
also sprach er* 852, *er sprach: genade, herre min* 889. — vergl.
noch *an libe und ouch an guote* 19, *mit libe und ouch mit guote* 617,
des[1]*) libes und des*[1]*) guotes* 793.

Ganz kurz hinter einander wird dieselbe Person mit den-
selben Worten bezeichnet:

die schœne 286 u. 289., *der tugenthafte man* 523. 527. 540[2]),
die schœne 574. 586. — Aehnliche Fälle bei KvW sind seltener: *diu
reine guote P* 8033. 8040., *diu schœne Schw* 674. 678[3]), in der
Anrede: *frouwe guot P* 11446. 11469. —

Epitheta, Adverbia und präpositionelle Wendungen kehren
bei Egenolf wie bei Konrad, öfters ganz kurz hinter
einander wieder: *wunneclichez kleit* 233, *w. edelstein* 238. —
milten hende 595, *miltez herze* 597, *degen milte* 610. — *wunnec-
liche schar* 1018, *wunneclichen sal* 1025. — *niemerme* 1116.
1123. 1133. — *clegeliche* 1149. 1153. — Vergl. bei KvW:
Punt 6—21, also in 16 Versen, erscheint *reine (reineclich)* 6 mal;
Punt 22. 24. 25: *guot; M* 14. 17: *minneclich; GS* 1841. 1847:
erwelt, 211. 213. 223: *wert; S* 1001. 1005: *guot,* 1835. 1840:
michel; TN 659. 673. 684: *wunnecliche; W* 216. 219: *ungefüege; O* 572.
577: *uz erwelt; P* 102. 111: *edel,* 2716. 2734: *lant er unde guot,*
11000. 11032: *ganzer triuwen,* 12081. 12097: *in herzen und in
muote,* 12943. 12961: *der turnei und die ritterschaft; Tr* 5741.

---

[1] s. o. S. 12. Anm. 1.
[2] Vergl. S. 19.
[3] Joseph S. 20 Anm. 1 will hier das zweite *schœne* ändern.

5750; 23591. 23607; 30370. 30373; 30556. 30562; 35201. 35206; 39462. 39500. u. ö.

Den Eindruck des gewissenhaften Historikers will uns der Dichter machen durch

häufige Berufungen auf die Quelle,

die ihm im Grunde aber doch nur ein willkommenes Mittel sind, den Vers zu füllen oder bequeme Reime zu liefern. Nicht nur am Beginn der Erzählung weist Egenolf auf seine Quelle hin:

V. 47: *Uns seit die aventüre daz, als ich hievor geschriben las, von einem werden ritter her*, sondern er unterbricht auch den Lauf der Erzählung sehr häufig mit Berufungen auf die Quelle, sogar an ganz gleichgültigen Stellen, wo sie vom Leser nicht erwartet werden: *uns seit die aventüre also, daz er nie so zornic wart* ... 84, *der helt daheime was ze Stoufenberg, als ich ez las* 172, *uns seit die aventüre daz, daz got in diser welte hie* ... 210, *die frouwe saz almuoterein nach der aventüre sage* 223, *mang wunneclicher edelstein was meisterlich gewürkt darin, reht als ich underwiset bin* 240, *die steine machtent in genesen, als ich ir kraft vernommen han* 245, *als ir vil wol gezeme was: davon ichz ouch geschriben las* 250, *wan er in liep in trüwe was, als ich hievor geschriben las* 624, *fuogte ez sich .... als ich die mer vernomen han, gen Frankenfurt ein fürste kam* 757 (im ganzen 10mal!).

Derartige häufige Berufungen auf die Quelle gehören auch zu den stilistischen Eigenarten Konrads; ich verweise auf die von Wolff zur Halben Birne V. 2. und 340 gesammelten Belege.

Auch in dem Bestreben, die Wahrheit seiner Worte zu betonen, erinnert Egenolf an Konrad:

ich rede ez gar an allen wan 12, *fürwar sag ich üch ungelogen* 33, *fürwar ich üch daz sagen sol* 160, *daz ist war* 248. Auch die sprechend eingeführten Personen müssen oft die Wahrheit ihrer Worte beteuern: *dir sag ich uf die trüwe min*[1]) 332, *fürwar ich dir daz sage* 398, *werlich* 472. 746., *ich spriche diz uf minen eit*[2]) 690, *daz nim ich uf die trüwe min* 697[2]), *werlich uf die trüwe min* 884, *daz ich üch sage, daz ist war* 924, *ez ist war daz ich üch sage* 928, *die rede ist war uf minen eit*[2]) 930 (die letzten drei Bei-

---

[1]) *uf die trüwe min Tr* 27834.
[2]) *ich wil daz hiute uf minen eit und uf al min ere nemen Tr* 2766, *daz nam er uf die trüwe sin O* 654.

spiele in einer Rede! im ganzen etwa ein Dutzend mal in dem kurzen Gedicht!). Wörtlich kehren davon bei KvW wieder: *fürwar ich iu daz sagen sol* A 318. P 4554. *daz ist war* P 16771; vergl. noch *fürwar ich iu daz sagen (reden) mac (wil, muoz)* A 942. P 3980. 11078. 14532. 17194. 18256. 18640. 20832. 21232. 21585. Tr 4824. 10050. 36524. *uf minen eit han ich verjehen* P 17018; *dest* . . *ungelogen* P 3052. Tr 24053. *(dest)* . . . . *ane lougen* S 1025. P 1281. 2098. 10053. 11629. 13099. 13787. 16504. Tr 19127. 27275; *(diu rede) sunder lougen (ist) Pant* 489. P 10875. 11036. 12510. 14731. Tr 14966. 35437; *des bin ich wer* . . O 553. S 241. 1285. P 2406. 13110. 13815. 14254. Tr 20156. 23043; *weizgot* Pant 1264. GS 92; vergl. noch Schw 1328f. 1346ff. A 580. P 4040. 5578. Tr 29176.

Andere Flickverse, wie sie sich auch bei Konrad finden [1], sind:

man seit daz [2] *weder e noch sit (sider)* 90. 426; — *als ich nu hie bescheide dich* [3] 379, *als ich üch bescheiden wil* 592. 868; — *von dem ich üch hie han geseit* 767 [4]; — *die rede ich hie bekürzen wil* 955 [5]; *waz sol ich sagen mere!* 1022. 1157.

Die Breite der Darstellung, die die ganze Art des Vortrags erkennen liess, finden wir dann weiter auch im einzelnen Ausdruck.

Das Epitheton, das Joseph in diesem Zusammenhang behandelt, wird, wie schon oben gesagt, später in einem eigenen grösseren Abschnitte ausführlich betrachtet werden. Ich gehe über zu den

Umschreibungen.

Egenolf ist, seinem Vorbild [6] folgend, sichtlich bestrebt, den einfachen Begriff zu vermeiden, ihn mehr oder weniger weitläufig zu umschreiben. So zerdehnt er beispielsweise den einfachen Gedanken, dass der Held weit in den Landen herumgekommen ist, in 5 Verse: *danach durchfuor er wite lant die im vor warent wol bekant, und dar er vor ouch niene kan,*

---

[1] Vergl. HB V. 28 u. 84 Anm.
[2] Bei KvW Pant 154. P 3000. 7002. 10444. Kl 5,3. Tr 2338. 3256. 3924 u. ö.
[3] Vergl. Pant 1921.
[4] Vergl. HB 346 Anm.
[5] Vergl. S 2224. P 8090. 14828. Tr 10608.
[6] Die Umschreibungen Konrads hat Joseph sehr ausführlich behandelt a. a. O. S. 33—40.

dar fuor der tugenthafte man mit einer wunneclichen schar
599—603.

Am häufigsten begegnet bei Konrad als umschreibender Begriff *art*[1]); unser Dichter hat es 4 mal:

was von art ein milter man 59, *der minne art* 428, *magu rich von hoher art* 962, *von art bescheiden* 1077. Die beiden letzten Beispiele sind wörtlich aus Konrad zu belegen; vergl. u. S. 36 und 47 unter *bescheiden* und *hoch;* [*der frouwen minnen art HB* 393].

Andre formelhafte Umschreibungen sind:

miner grozen sünden teil 187; vergl. *S* 4360 *durch hoher sünden teil, E* 4166 *ein teil (sc. sünden). — nach siner gewonheit kür* 202; vergl. *S* 64. 484. 4812. *Schw* 16. 92. *A* 898. *P* 1992. 8684. 17424. *Tr* 7730. 13726. 16594. 16648. 20564. *Pant* 2075. *E* 335. 1322. — *der claren sunne brehen* 216 — *der engel schar* 282 = *Pant* 1958. 2053. 2095. *GS.* 1605. — *der minne brant* 290. — *des ritters herze wart enzunt* 304, *er ein miltez herze truoc* 597, *swar ie gestuont dins herzen gir* 363; vergl. *wie stet nu dines herzen ger Tr* 27591; *herzen gir E* 215. 249. 1435. 1950. 2292. *S* 112. 170. 1109. 1146. 1213. *GS* 1116. 1181. 1829. *O* 251. *M* 102. *W* 142. *Pant* 861. 959. 1686. *A* 561. *P* 2450. 2912. 9220. *Tr* 18995. 20530. 22810. u. ö. — *süezen minne spil* 560, ein Lieblingsausdruck Konrads; vergl. *E* 2932. 2963. 3527. *Tr* 12957. 22938. — *sol sin stolzer lip sterben* 628, *stirbet mir min junger lip* 926, *des ritters lip* 1068, *keines mannes lip* 1122. — *uz grunde sines herzen tief* 752; ganz ähnlich bei KvW: *M* 189. 257. *S* 1026. 1565. 2575. 3416. *Pant* 273. *E* 1145. 1236. 2034. 2143. 6418. *P* 912. 1283. 1557. 3172. 6630. *Tr* 168. 379. 4435. u. ö. — *der Eren van* 839; bei KvW *L* 23, 47 (s. u. im II. Teil). — *mins dinges ist nüt me* 1110 (*ir dinges was nie me* Gottfr. v. Strassbg. 2423); über *dinc* als Umschreibung vergl. *E* 35 Anm. u. *HB* 267 Anm. — *got* steht, wie bei Konrad, selten allein, es hat meist *von himel* oder *von himelriche* bei sich: *von himel got* 8. 480. 751. 802. 1080. 1146. *got von himel* 76. 528. 1174. *got von himelrich(e)* 68. 801. 543.

Umschreibungen der Pronomina: des Personalpronomens durch *herze: min (din) herz begert* 182. 317. 393. 588. *din herze hat begert* 348, *min herze daz begeret din* 714; *swes din herze gert* 475, *din herz darzuo gedenken sol* 650, *min herz . . . hat des beraten sich* 682, *min herze niemer daz verbirt* 990; *sin herze fröuden pflag* 170. Beispiele für *herz* als Umschreibung bei KvW s. bei Joseph S. 37. — Anstatt „du siehst" sagt der Dichter *din ouge daz*

---

[1]) Vergl. *E* 534 Anm. u. *HB* 36. 86 u. 386 Anm.

gesiht 995; ähnlich *den menschen ouge is gesach* 915. mit *ougen sol gesehen an* 1134; vergl. *E* 948. 3828. 4070. *M* 185. *W* 157. 164. *Pant* 296. *A* 579. 640. *P* 1843. 1854. 1953. 1957. 2089. 20359. *Tr* 1300. 4728. 5161. 5793. *S* 4729. *O* 359. u. ö. — *die sele in üwerm libe* 950; vergl. *din (min) herze in dinem (minem) libe E* 4336. 4516. *P* 8324. 15032. *Tr* 5164. *M* 480. 520. — *din munt vergiht* 1125; *swaz iuwer munt do rette Tr* 5182; vergl. *GS* 1918. *Tr* 5278. — *die in zer welte ie gebar* 141; ähnlich *Tr* 20294. 33962. *E* 6307. *GS* 335.

Mancher ist umschrieben: *manger muoter kint* 806; dieser Lieblingsausdruck Konrads: *TN* 497. *S* 2611. *P* 12285. 21195. *Tr* 13033. 19581. 28339. 32008. 32748. 34651. 35752. 36844. 37519. 38864. u. ö. — *manges edeln fürsten barn* 790. — niemand: *weder man noch wip* 567; s. o. S. 13. — alle: *alle welt* 155. *menglich ..., beide frouwen unde man und swer ie dar ze hove kam* 1026 ff., *laz alle die bi dir gestan, bede frouwen unde man, die mit dir hie ze hove sint, bede wip man unde kint* 1083 ff.

Umschreibungen von Raumbegriffen:

hein ze huse 442 (*E* 5550); — *in dieser welte hie* 211 — *uf erden* 297. 566. 944. 1034 = irgendwo; *uf aller erde* 264 = überall; *uf die vart* 784 = hinweg, ebenso *reit sinen pfat* 511, *du solt dahin din straze varn* 479 (*M* 405. *Tr* 6891. *P* 9074. 10827. u. ö.). — *swa er in den landen fuor* 153 = überall, ebenso *swa du in den landen verst* 739, *swa ich in den landen var* 917 (*P* 10321 *swa ich var), swa der degen milte in der witen welt hin kam* 611. — *ze beden siten* 42. 96 (*TN* 95. *P* 4762. 5080. *Tr* 3517. 8603 u. o.).

Umschreibungen von Zeitbegriffen:

mit *zit: alle zit* 36. 364. 738. 792. *alzit* 913. *zallen ziten* 188. 338 = stets; *in disen ziten* 183. 755. — mit *frist: bi diser frist* 382, *bi der selben frist* 132. 516. — mit *jar: al sine jar* 1161 =. *W* 17. 49; vergl. *W* 38. 125. *Pant* 327. 1399. *A* 64. 588. *Tr* 38753. 39816. *E* 6157. — mit *tac: uf einen tag* 169; *in sin jungen tagen* 165; [*in minen jungen tagen Tr* Forts. 46681;] ähnlich *S* 31. 330. 1568. *M* 444. 469. *W* 189. *A* 8. 94. 384. 554. 1254. *E* 4963. 5797. 6501. *Tr* 18271. 18365. 19799. 27168 u. ö. — mit *stunt: ze der stunt* 424. *zuo den stunden* 574. *bi dirre stunt* 464. *zuo der selben stunt* 277; Beispiele aus KvW s. bei Wolff zu *HB* 97 u. 476. — andre Phrasen und Wendungen sind: *an der stet* 958 (*O* 246. *S* 1279. *Pant* 342. 1326. 1348. 1378. 2042. *P* 1560. *Tr* 27758. 37054. 38790.) — *zem selben zil* 966. — *weder e noch sit (sider)* 90. 426 = nie. — *unz an minen (din) tot* 375. 385.

729. *P* 9079. *Tr* 31095. 34997. *E* 4089. 5779. *W* 171. — *die wile ich han daz leben min* 584 f; 419. (*A* 395. 564. 635. 1228. *E* 543. 5651. 5785 u. ö.).

Umschreibungen für Adjektiva und Adverbia der Art und Weise:

von herzen 83. 291; s. u. S. 41 unter *fro*. — *mit flize* 121 (*A* 65. *P* 257. 15739. *E* 281.) — *mit eren* 151. 768. 892 (*GS* 1573. *O* 31. *S* 2410. 3045. *A* 1849. *E* 1270. 2455. *P* 4098. 4125. 10098. 11571. 14140. 14368. *Tr* 974. 1090. 2009. 2081. u. ö.). *in eren* 55 (*P* 4860. *Tr* 10427. 80556. 80562. 36825. 39816. *E* 4969) — mit *zühten* 272. 283. 484. 693, *mit zuht* 656. 808, *durch alle zuht* 293; vergl. *HB* 857—8 Anm. — *mit trüwen* 333. 367. 979. *in trüwe* 623, *durch trüwe* 695 (*P* 11571. *E* 1447. 5796. 5968. 6172. *GS* 1204), *uf die trüwe min* 832. 697 (*Tr.* 27834.) — *mit fröide(n)* 509. 537. 542 [1]). 1075. (*S* 1491. 1853. 2410. *E* 4286. *Pant* 721. 1895. *P* 801. 11238. 12419. 13826. 16389. 17317. 20330. 21034. *Tr* 4667. 5634. 9090. 9367 u. ö.) — *mit begir* 554 — *nach wunsche* 557 (*Kl* 10,4. *E* 2562. 2663. 3049. 5139. *Tr.* 442. 856. *P* 7865. *A* 166. 201 u. ö.) — *mit schalle* 799. 823, *mit lobelichem schalle* 517; letztere Phrase wörtlich = *Tr* 10281. *Pant* 1485, *mit schalle*: *A* 817. 1103. *TN* 957. 1112. *S* 2405. 4841. *L* 31,44. *P* 5087. 7442. 12419. 19801. 20330. 20422. *Tr* 12049. 13924. 14565. 16305. 39160 u. ö.; vergl. noch *Tr.* 1177. 6206. 8575. 14975. 35682. 38972. 40249. *S* 2274. — *ane zorn* 316 (*E* 1484. 4575). — *ane wanc* 136 — *an alle widerhabe* 345 — *an alle not* 386 — *an allen wan* 12[2]); *an alle*.... bei KvW sehr beliebt: *P* 19193. *S* 3044. *Tr* 2604. 39326.

Die Präposition „ohne" ist durch ein Adjektiv vertreten: *vor wandel ... behuot* 57. — *wandels eine* 307. — *schanden fri* 324 —; vergl. unten S. 36, 39, 40 unter *behuot, eine, fri* die Belege aus KvW.

Umschreibungen von Verben: durch *pflegen: sin herze fröiden pflag* 170; *ganzer minne wellent pflegen* 563, *græzer liebe nie gepflag* 566 (*Tr* 805. 2129. 17220. 38142. *P* 2774. *W* 76. *E* 2931. *M* 225 [*HB* 854]); *er sins wunsches nach ir pflag* 613; *des gedankes pflag* 715. — durch *beginnen*: 748. 904. 931. 1042. 1168. (vergl. *HB* 64 Anm. und *P* 328 Anm.). — durch *man sach: dar sach man ouch vil herren traben* 760, *man in sach so rilich varn* 789, *do sach man ... daz* 1030, *man sach des ritters lip so clegelich gebaren* 1068. (*Tr* 3512. 8702. 4650. 6300. 25582. *P* 11273. 12503. *Kl*

---

[1]) Über die Lesart s. S. 18.
[2]) d *an argen wan* = *S* 4508; s. u. in Teil II; *an allen wan* in der *Tr* Fortsetzung (s. u. in T. II) 5 mal zu belegen.

8,3. 4,7. *S* 512. 966. 981. *E* 1588. 2424. 2594. *Schw* 890. *A* 3234. *Pant* 1462. u. ö. — *die ie gewan sel unde lip* 296 [1]) (= geboren wurde) — *den tuo also mit worten schin* 736 [2]) (= sage) — *tet im . . . helfe schin* 964. 1176 [3]) (= half ihm). — *nam er sin ende* 1151 [4]) (= starb).

Deutlicher als durch die bisher behandelten stilistischen Erscheinungen, die immerhin zu einem nicht geringen Theile Gemeingut der Epigonenzeit sind, verrät Egenolf sein Vorbild durch die

Metaphern und Vergleiche,

mit denen er seine Rede zu schmücken sucht. Hier erkennt man recht klar, wie sehr er geradezu unter dem Bann der Lektüre Konrads gestanden hat. Nicht nur dass er wie jener überall, wo es nur angieng, Metaphern anwandte, sondern gerade Bilder und Vergleiche Konrads selbst waren es, die in seinem Gedächtnis hafteten und die ihm, während er sein Werkchen schrieb, wie unwillkürlich in die Feder kamen. Was er vielleicht erst kurz vorher bei jenem gelesen hatte, verwebte sich wie von selbst in seine Darstellung. Die Uebereinstimmung ist teilweise fast wörtlich:

der (sc. *frouwe*) *lop ist unverhouwen* 56; *E* 3784 *wolte . . . miner frouwen lop verhouwen*, ähnl. *E* 4509. *Tr* 34394. — *macht mangen satel lere* 94; *Tr* 36332 *da wart gemachet lære vil manic satel*, *Tr* 39800 *da wart eht aber lære vil manic satel*; ähnlich *TN* 827. 1022. — *in der heidenschaft* 124 (= unter den Heiden), *ungetoufter man* 128 (= Heide); s. u. beim Epitheton unter *ungetouft* die Beispiele aus — KvW. *daz gras macht er von bluote rot* 126; *Tr* 39956 *e er die heide grüene mit rotem bluote machte naz*; ähnlich *Tr* 40118. — *er . . . blüejet als daz mandelris an tugent und an ere* 148, ein Lieblingsvergleich Konrads: *du schæne mandelboumes bluot GS* 862, *sin jugent als ein mandelboum in eren bluote P* 3350; ausser den vielen von Wolff zu *HB* 37 − 9 gesammelten Beispielen vergl. noch *A* 138. 207. *Schw* 161. *GS* 60. 648. 838. *M* 251. *L* 3,27. 11,47. 32,249. *S* 68. 115. 618. 835. 3918. *P* 10897. 11500. — *nie schæner bilde wart gesehen* 215; bei KvW *nie schæner bilde wart bekant Tr* 12963, ähnlich *Tr* 6715, . . . *wart nie so luter bilde me P* 8527. — *ir schæne über alle schein* 221; *W* 68 *ir schæne*

---

[1]) Vergl. *E* 1103. *P* 10341. 15665. *A* 1149. 1241.
[2]) Vergl. *Tr* 37372. 37956. *S* 1399. *Pant* 195. 1730.
[3]) Vergl. *Tr* 8370. 8698. 33495. 36061. *S* 3836. u. ö.
[4]) Vergl. *Pant* 2132. u. ö.

volleclichen brach für alle frouwen. — *den knaben duhte, sü wer von himelriche komen ald uz dem paradis genomen und füere ouch an der engel schar* 229ff.; Vergleiche mit Engeln sehr oft bei Konrad: *E* 783. 2646. 2768. *TN* 709. 811. *Kl* 6,1. *GS* 1605. *P* 12461. 17279. 17908. *Tr* 2928. 5728. 19657. 23068. 24861. 33489. 34592. 39180 u. ö. — *den minsten möhte nüt ein laut vergolten han nach werde. ez wart uf aller erde kein keiser nie so lobesan, der sü vergolten möchte han mit allem sinem riche* 262 ff.; *W* 98: *die waren also riche, daz si halt sicherliche nieman vergelten kunde.* — darin lag ein karfunkel: *die naht wart nie so dunkel man gesehe wol davan* 253 ff., *Tr* 26242: *karvunkel .. die naht wart nie so tunkel man hete wol da bi gesehen;* ähnlich *Tr* 7513 ff., 9020. — *des wart sin herze an freuden wunt* 278, ein bei Konrad sehr häufig begegnendes Bild, vergl. die Belege beim Epitheton unter *wunt* — *sin herz durchschoz der minne brant* 290; *Tr* 965: *Cupido .. was der minne schütze;* vergl. noch *HB* 286 u. 350 Anm.; ferner *S* 568. — *hohgelopte fruht (:zuht)* 294; Belege für diesen Lieblingsausdruck Konrads bei Wolff zu *HB* 357 f. — *die ie gewann sel unde lip* 296; *E* 1103 *ie gewan herze leben oder lip;* ferner *A* 1241. *P* 10341. 15665. — *des ritters herze wart entzunt* 304; *da von sin herze wart entzunt Tr.* 15970, *do wart entzündet unde enbran ir herze Tr* 20842, vergl. ferner *Pant* 254 und *HB* 286 u. 350 Anm. — *sin truren gar zergieng* 309; *Pant* 1330 *des wart im truren wilde.* — *sit du pfert ie überschrite* 334, *der ie pfert überschriten hat* 1164, auch eine Lieblingsumschreibung Konrads: *der ie dehein ors überschreit P* 4293, ferner *P* 2252. 11818. *Tr* 39420. — *als ein frünt des andern sol* 339; *E* 2269 *als ein friunt dem friunde tuot;* vergl. noch *P* 3388. *S* 2724. *Tr* 598. 1511 u. *HB* 421 Anm. — *mit der vil süezen minne spil so was in beden also wol, als noch zwein lieben wesen sol die ganzer minne wellent pflegen* 560 ff., süezen minne spil ist ein Lieblingsausdruck Konrads; s. o. S. 24 unter „Umschreibungen." — *hiemit begund der tag uf gan* 748; *Tr* 37762 *der tac uf gan begunde*, ähnlich *Tr* 22432. *P* 12365. 15692. 16310; *tac was under gegangen P* 16310; ähnlich *Tr* 20280. Vergl. *HB* 398 Anm. — *daz er wol füert der Eren van* 839; *Eren van L* 23,47; *daz er der eren leitestap und der wirde banier treit P* 20348, getragen ie der eren kranz *P* 13531, eren solt *P* 13834, eren kleit *P* 14484; vergl. ferner *W* 137. *E* 230. 372. 928. 2500. 4122. *L* 1,179. *GS* 893. 1200. *P* 185. 297. 15077. 15138. *Tr* 248. 348. 1989. 6544. u. ö. — *die pfafheit* 957. 1006. (= die Pfaffen); vergl. *S* 247. 1229. 1643. 1902. — *wizer denne ie helfenbein* 1038; *P* 8672: *sam ein helfenbein stuonden kleine zene wiz;* vergl. noch *P* 17225. — *ez ist ein jemerlicher zol* 1170; *Tr* 37027 *die geste wurden gebende des males jæmerlichen zol,* Tr 14136 *wie muoz mit jamer sich min leben verzollen und verzinsen;* vergl. noch P 2268. Tr 83042. 87292. — Andere Metaphern und Vergleiche aus unserm Gedichte: *got well zerstæren miner grozen sünden teil, wan ich ze allen ziten veil min leben trage* ... 186 ff.; — *reht als*[1]*) der claren sunne brehen git liehten wunnebernden schin für allez daz gestirne hin, als tet die werde frouwe guot für alle frouwen hohgemuot* 216 ff. — *die wil mir got daz leben gan* 419; — *du bist uf gotes verte* 451; — *die sunn nie bessern überschein* 456; — *die wile ich han daz leben min und mir got der sunne gan* 585; — *got enpfahen* 999, *got bringen* 1099; *im got selben gab* 1103; — *der tot wil mit mir ringen* 1100; *mins dinges ist nüt me* 1110, vergl. Gottfr. v. Strassb. 2428: *ir dinges was nie me* u. HB 267 Anm.; — *der tot sin herze brach* 1150.

Im folgenden fasse ich noch kurz die übrigen Kunstmittel zusammen, die unser Dichter in Anlehnung an sein Vorbild zum Schmuck seiner Rede verwendet:

Antithese, Litotes; Anapher.

Antithesen Konradscher Art, wie sie Joseph S. 43 aufzeichnet, sind in unserm Gedicht:

macht mangen armen rich 804; — *bin ich lebend unde tot* (= sterbo ich) 1127. Ueber die Antithesen in gepaarten Ausdrücken s. o. S. 11 ff.

Beispiele für **Litotes** sind:

du solt nüt beiten 478, *solt dich sumen lenger nicht* 996, *hiez do nüt me beiten* 1005; Belege für diese bei Konrad häufig begegnende Ausdrucksform bei Wolff zu HB 251; vergl. noch M 422. Pant 864. — *über unlange* 671; *(vil harte) unlang(e)* M 392. E 64. 504. 5080. Tr 32585. — *sü liezent wenig*[2]*) under wegen* 564; S 126 *kein dinc er under wegen liez,* ähnl. S 1587. 1758; — *des enliez er niemer tag* 75. — *do rett die schœne nüt dawider* 312, *da rett der jüngeling nüt wider* 706. — *sin hohgemüete was nüt klein* 538. — *er ... alle machte unnothaft* 594. — *es sol dich nüt verdriezen* 448. — *urlobes er do nüt vergaz* 510.

---

[1]) r e h t als übrigens bei KvW schroft: S 1499. 1841. E 238. 802. 944. 3000. O 147. Pant 256. 1198. 1454. 1992. Tr 19880. 10915. 25350 u. ö.

[2]) Vergl. auch *des willu wenig volgen mir* 983.

Die reguläre **Anapher** ist in unserm Märchen nur zweimal, aber auch mit ausgeprägter Deutlichkeit angewandt
293 ff. *got grüeze üch, frou, durch alle zuht,*
got grüeze üch, hohgelobte fruht,
ich grüeze üch, allerschönstez wip
ich grüeze üch, frouwe, tusentstunt.
1052 ff. *sü sahent nieman überal.*
sü suochtent hin, sü suochtent har,
sü wurdent niemans da gewar.
und hettent sü gesuochet noch,
sü kundent vinden niena loch.

Die erste längere Ansprache der Fee an den Ritter zeigt noch mehrere, wenn auch nicht geschlossene Anaphern:
huot ich din . . 338. 352. *da pflag ich din* . . 343. 358. *dir sag ich* . . . 328. 332. — Konrad hat die Anapher angewandt *Tr* 2002,3. 8800,11. 12534. 24702,33. 32690—93. *P* 7338—39. 7564. 8180. 12188. 14356. 17580. 17586. 21718.

Das Mittel eines leichte Spannung erzeugenden **Enjambements** hat unser Dichter nur einmal angewandt; dieses eine Beispiel ist aber **wörtlich aus Konrad** *O* 298,99 entlehnt: *die werden und die frechen | fürsten* 876; vergl. noch *ir werden und ir vrechen | ritter Tr* 12088,39. Beispiele für Enjambement aus KvW siehe bei Joseph S. 86 Anm. 1 und Wolff zu *HB* 84[1]).

Einiges Syntaktische.

Die Neigung zu einer bei Konrad sehr beliebten syntaktischen Eigentümlichkeit, die Joseph a. a. O. S. 43 „**syntaktischen Parallelismus**" nennt, offenbart auch Egenolf ganz deutlich.

Das **Prinzip der Kongruenz**, d. h. gleichgrosse Glieder zu schaffen, ist nicht zu verkennen;
entweder stehen die Glieder frei und ohne bestimmende Wörter:

---

[1]) Beiläufig noch einige Bemerkungen, den Reim betreffend: **Vierfachen Endreim**, wie ihn Konrad im Eingang des *E* 11mal und *P* 18167 u. 18741 (s. Bartsch, Anm.) zeigt, hat Egenolf auch zweimal: *gelan wan han man* 11—14. *tot hat hat rat* 1163—66. — Einen **beliebten Reim Konrads sterben: verderben** (*O* 319,20. Pant 1367,68. *Tr* 38444,45. *S* 1068,69. *F* 3417.18.) verwendet Egenolf 629,30 u. 1067,88. — An **Binnenreim**, der auch den Eingang des *E* kennzeichnet, erinnert im PvSt an *libes erben sterben* 629.

frouwen oder man 14. *der ritter edel unde guot* 58. *armen und ouch richen* 63. *ros unde man* 109. *Swaben Beiern Ungerlant* 114. *schriben unde lesen* 164. *birsen beizen unde jagen* 166. *ros und ouch pferd* 195. *bede groz und ouch klein* 260. *sel unde lip* 296. *frouwe clar und schanden fri* 324. *got . . und darzuo lip unde leben* 406. *lip und sele* 414. *bede lip unde leben* 417. *weder e noch sider* 426. *lip sele guot und ere* 532. *weder man noch wip* 567. *fründ und geselleschaft* 593. *fründe und gsellen* 598[1]. *naht oder tag* 614. *eren und ouch guotes* 639. *schande und leit* 647. *fürsten graven frien* 761. *vater und muoter* 863. *die maget edel unde vin* 891. *billich unde reht* 900. *sele und lip* 938. *gesprochen oder gesungen* 945. *beide frouwen unde man* 993. 1027. 1173. *stille und überlut* 1030. *schœner nie noch minnenclicher fuoz* 1034. *frouwen unde man* 1060. *pfifen tanzen singen* 1064. *heiz alle die bi dir gestan, bede frouwen unde man, die mit dir hie ze hove sint, bede wip man und kint* 1083 ff. *ritter unde kneht, graven frien dienestman* 1166,67. *lebend unde tot* 1127. *stille und offenbar* 1162.

oder sie stehen bekleidet:

beide mit dem Artikel: *der edel und der stete* 62. *mir daz pfert und dir daz ros* 181,82. *des libes und des guotes* 793 [2]). *die werden und die frechen fürsten* 876;

beide mit Artikel und Epitheton: *den werden got von himel und ouch die zarte muoter sin* 528,29;

beide mit Pronomen: *min leben . . und minen lip* 189. *min trut, min lip, min frouwelin* 1072. *manig bischof und ouch vil manig frouwe clar* 824,25. *mang ritter und manig wunnenclichez wip* 1066,67;

beide mit Pronomen und Epitheton: *manig werder man und manig frouwe lobesan* 1015;

chiastisch: *ze sinen brüedern lobesan und andern lieben magen sin* 620. *dine brüeder . . . und ouch die liebsten fründe din* 734,35;

beide mit Präpositionen: *in herzen und in muote* 7. 401. *an libe und ouch an guote* 19. *in striten . . . und ouch in turneie* 78,79. *in turnein und in striten* 95. *in Engellant . . . und ouch in Frankenriche* 116,17. *in Tuscan, in Lamparten* 119. *mit manheit und mit ritters kraft* 123. *an tugent und an ere* 149. *durch ere und durch werde wip und ouch durch diser welte ruon* 190,91. *von fleische noch von beine* 213. *an strazen und an stegen* 336. *in stürmen und in striten* 337. *vor Valwen und vor Rüzen* 356. *ze Tuscan, in Lamparten* 359 [3]). *an roten munt, an wengelin* 493. *mit libe und ouch mit*

---

1) über die Lesart s. S. 18.
2) so d; vergl. S. 12. Anm. 1.
3) Ueber diesen auch bei Konrad beliebten Wechsel synonymer Präpositionen vergl. Joseph S. 66 oben.

guote 617. *von leien und von pfaffen* 947. *von herren und von frouwen* 1019.

Das Prinzip der Steigerung (das zweite Glied schwerer als das erste) zeigen folgende Verbindungen: *got von himelriche und ouch der zarten muoter sin, Marien der werden süenerin* 68. *hort man die frouwen zarten und mit flize im heiles büten* 120,21. *mit manheit und mit ritters kraft* 123. *bretspiles . . vil und manger leie seitenspil* 161,62. *durch ere und durch werde wip* 190. *huot mantel sporn und ouch daz swert* 196[1]). *sü was so lobeliche und also wunneclich gevar* 268,69[2]). *er und die frouwe wol geslaht* 558. *graven frien dienestman und manig frouwe wunnesam* 605—6. *ze sinen brüedern lobesam und andern lieben magen sin* 620,21. *dine brüeder . . und ouch die liebsten fründe din* 734,35. *ros harnesch unde pfert kostlich* 773,74. *got und sine werde muoter zart* 762,63. *die brüeder und die mage sin* 785. *manig bischof und ouch vil manig frouwe clar* 824,25. *so rehte wol getan und also minneclich gestalt* 860,61. *beide naht und ouch den tag* 922. *mang ritter . . . und manig wunneclichez wip* 1066,67. *von himel got . . . und ouch die zarte muoter sin* 1080,81. *graven frien dienestman und ouch die maget lobesan* 1108. *got . . und ouch die maget lobelich . .* 1186.

Der dritte Fall, die Beschwerung des ersten Gliedes, der bei Konrad als Ausnahme zu bezeichnen ist[3]), ist auch bei unserm Dichter sichtlich seltener: *gerne merken und verstan* 8. *die sich bescheidenheite flizent vil gereite und went nach eren ringen* 15—17. *mit rittern oder knehten* 40. *in turnein oder striten* 41. *in Swaben Beiern Ungerlant* 354[4]). *in Engellant und Frankenrich* 357. *an roten munt, an wengelin* 493.

Von diesen wenigen Fällen sind drei noch zweifelhaft: V. 41 *in turnein oder striten* hat der Druck (d) jedenfalls richtiger: *in turnein und in striten* = V. 95, wo h und d übereinstimmend *in turnein und in striten* bieten; V. 357 bietet d auch beide Präpositionen *in Eng(el)lant und in Frank(en)rich*[5]); und auch 625 ist die Lesart von *d sin fründ und ouch sin mage* wohl der von *h sin brüeder und die mage* vorzuziehen (s. o. S. 18).

---

1) d vielleicht richtiger *sporen und(e) swert*.
2) *so . . . also* bei Konrad beliebte Steigerung; vergl. Joseph S. 69.
3) Vergl. Joseph S. 52.
4) *in* fehlt hd¹, s. weiter unten. Joseph sieht von den Namen in dieser Hinsicht ganz ab.
5) Vergl. 1167 *in Engellant . . . . und ouch in Frankenriche*.

Eine andre Eigentümlichkeit Konrads, auch syntaktischer Art, aber durch metrische Tendenzen gefördert, wo nicht hervorgerufen, ist es, voranstehende Satzteile durch das Demonstrativ-Pronomen *der* wiederaufzunehmen. Beispiele hat dafür gesammelt Joseph S. 86 zu *Kl* 7,6[1]). Der Dichter unsrer Märe thut dasselbe mit Vorliebe.

Das Subjekt ist vorweggenommen: 80 *der hohgeborne leie der diente* ...; 115 *Swaben Beiern Ungerlant die muostent* ...; 258 *der stein der was* ...; 626 *sin brüeder und die mage die leitent* ...; 682 *min herz daz het* ...; 714 *min herze daz begeret din;* 725 *din junger milter starker lip der muoz* ...; 818 *die lieben mage sin die nigent* ...; 1004 *got der tuo* ..; 1029 *der ritter der saz* ....[2]).

Das Objekt: 166 *birsen beizen unde jagen daz kunde wol der ritter guot;* 410 *got den wil ich* ...; 499 *den wunsch den hat mir got gegeben;* 688 *die e die wil ich miden;* 891 *die maget ... die sont ir* ..; 1146 *von himel got den ruoft er an*[3]).

Am Schluss des ersten Teils habe ich auf ein Kapitel ausführlicher einzugehen, das ganz besonders geeignet ist darzuthun, wie weit Egenolf durch sein Vorbild beeinflusst ist: ich meine

das Epitheton.

Dasselbe Bestreben, das bei Konrad zu vollkommener Manier geworden ist, die Substantiva möglichst mit Epithetis zu versehen, stösst uns auch bei der Lektüre des Peter von Staufenberg auf. Wo nur ein Beiwort Verwendung finden kann, da fehlt es fast nirgends. Doch nicht nur im allgemeinen Prinzip wieder folgt Egenolf dem Konrad, sondern gerade speciell Konradische Epitheta und Verbindungen von bestimmten Substantiven und bestimmten Beiwörtern treten uns in dem Text

---

[1]) Vergl. auch *Schw* 65 Anm. u. *HB* 208 Anm.

[2]) Umgekehrt folgt gewissermassen als erklärende Parenthese das Substantivsubjekt dem pronominalen: 246 *sü truog ouch ein rich fürspang an. die selbe schane frouwe clar.* Zweimal steht das Subjekt im Satze 772 ff., Subjekt und Prädikat 1026 ff.

[3]) Hierhin gehört auch die eigentümliche Verwendung des *so* zur Wiederaufnahme vorweggenommener Satzteile: 60 *mit dem so liez er uf gan.* 916 *mit der so han ich* ..; vergl. noch 206. 224. 233. 400. 455. 561. 587. 615. 718. 862. 920. 955. 978. 1034. 1127; *mit dem (den) so* .... auch bei Konrad sehr oft: z. B. *Pant* 1375. *A* 246. *P* 3284. 3565. 21324. 21630. *Tr* 6864. 11550.

unsres Gedichts entgegen. Egenolf mag nun gelegentlich bestrebt gewesen sein, Wörter und Wendungen, die ihm bei der Lektüre seines Meisters aufstiessen und besonders gefielen, für sein Opusculum zu verwerten, aber auch hier lässt sich wieder mehr eine unbewusste, als planmässig bewusste Anlehnung erkennen. Was er einmal oder des öfteren bei intensiver Lektüre der Konradischen Gedichte vorgefunden hatte, kam ihm nicht so leicht wieder aus dem Sinn, zahlreiche Substantiva blieben in seinem Gedächtnis mit ganz bestimmten Adjectiven fest verknüpft: und als er dann sein eigenes Poem schrieb, flossen die Konradischen Ausdrücke wie von selbst mit unter die seinigen.

Ich gehe jetzt dazu über festzustellen, inwieweit sich die von unserem Dichter verwendeten Epitheta bei Konrad nachweisen lassen. Es kann hier nicht darauf ankommen, die Belege für jedes Beiwort, wie z. B. das unzählige Mal begegnende *schœne* aus den Werken Konrads von Würzburg aufzuzeichnen, als vielmehr zu zeigen, wie **gewisse Lieblingsepitheta Konrads** bei unserm Dichter wieder als solche auftauchen, wie gewisse Epitheta, mit gewissen Substantiven verbunden, bei Konrad und unserm Dichter als stehend erscheinen, endlich, wie **öfters sogar zwei Attribute als stehende Epitheta eines Begriffs bei beiden Dichtern** begegnen.

Um der Vollständigkeit und bequemen Uebersichtlichkeit willen ist bei meiner vergleichenden Liste der Begriff **Epitheton weiter gefasst** als gewöhnlich: es sind auch Ausdrücke wie *eigen, gach, gemeze, willekome* und die Adjektiva in prädikativer Stellung *(lere, leit)*, die an anderer Stelle nicht berücksichtigt werden konnten und doch mit ihren Verbindungen als bei Konrad belegbar nicht unerwähnt bleiben durften, hier mit eingereiht! Manches, was für meinen nächsten Zweck wertlos sein mag, dient vielleicht andern bei ähnlichen Beobachtungen als Stütze oder zur Ergänzung.

In dem nachfolgenden alphabetisch geordneten Verzeichnis stelle ich die Wendungen und Verbindungen, in denen uns die Epitheta in unserm Gedicht erscheinen, voran und setze ihnen, wo solche vorhanden, die Belege aus den Werken Konrads von Würzburg gegenüber. [Die unechten Werke sind in Klammern eingeschlossen.]

alt

520 nach alter gewonheit — alte site Tr 212. GS 417.
939 ein alter cappelan, 693 der alte — ein alter horeman E 1279. ein alter schifsman P 10616. [ein altez kamerwip HB 297, ein alter horewart HB 369.]

aller-

279 was sin allergræstez leit — allergræste wunder Tr 13070.
295 allerschænste: wip, 914 allerschænsten lip — allerschænste Tr 9992. 32608; vergl. noch Tr 10266. 10433. 12466. 13448. P 14494. 15217. [HB 326.]

arm

896 sü mich armen neme — mich armen A 1127. Schw 1230. mich vil armen Kl 17,7. M 330; Pant 518. A 1064. P 20211. E 1124. 6320. Tr 88830. O 221. S 966. 4364. GS 371. 499. u. ö.
899 ein armen kneht — owê mir armen knehte P 10340. arme ... kneht P 11866. mich vil armen dinen kneht Pant 332. S 5071.
1041 owe owe mir armen man — owê mir armen A 1240. P 734. 15664. 18460. 20250. S 1017.
1177 uns armen sündern — [mich armen sünder: Sant Nicolaus 120.]

behuot
57 *vor wandel sint behuot* — *vor wandel was behuot* Schw 902. *vor allem wandel gar behuot* Tr 341; M 68. S 4121. Tr 7237. P 17929.

bereit
771 *er hete ... drizig uf die vart bereit* — *do wart er ûf die vart bereit* O 429. *sult ir werden ûf die vart bereit* O 449. *ûf sine reise wart bereit ...* O 510; ähnlich Tr 5824. 19225.

bescheiden
143 *er (der ritter) der türste were ... darzuo bescheiden* — *ritter wol bescheiden* O 434. Tr 31464. 39296. *ritter bescheiden* P 3920. 11563; P2. 5777. 5808. 7385. 7464. Pant 121. 388. W 37. Tr 1583. 3266. 5397. 5407. 11057. u. ö.

1077 *sü von art bescheiden was* — *ir von art bescheiden sit* O 219. *von art bescheiden* Tr 2630. 8063.

besinnet
941 *wi sint ir so besinnet daz ...* — [Jänicke S. 49 zu V. 965 merkt an Tr Fortsetzung 46222 der meiste teil der liute also besinnet und gemuot.]

beste
88 *davon man im daz beste jach* — *swem des besten dâ gejehen würde* P 19192. [*die jahen ir des besten* HB 9].

115 *die muostent im daz beste jehen*

1118 *wart er gesehen .... den besten ie geliche*

156 *man müeste in für den besten han* — *daz man in für den besten hân müeste* P 16252.

841 *er der beste was genant*

billich
900 *ez duht sü billich unde reht (: kneht)* — *in dûhte billich unde reht (: kneht)* A 418. *dich diuhte billich unde reht* Tr 5502. *billich unde reht* P 10104. Pant 1492. u. ö.; s. o. S. 13 unter „formelhafte Ausdrücke."

clâr

116 *claren sunne*　　*diu clâre sunne Tr* 25859.
　　　　　　　　　　36892. *der (liehten) clâren sunnen*
　　　　　　　　　　P 4049. *GS* 1955. *Tr* 13226.
　　　　　　　　　　20150. 30764. *sunnen . . . clâr*
　　　　　　　　　　Tr 4999. *E* 4858. *clâre tac S*
　　　　　　　　　　252. *Tr* 7440. *clâren schin Tr*
　　　　　　　　　　1698. *clâren bach Tr* 1075.
247 *schœne frouwe clar*　　*frouwe clâr Schw* 358; *Tr*
324 *frouwe clar und schanden*　　7491. 8080. *P* 6717. *E* 5112.
　fri
825. 923 *frouwe clar*　　*clâr* als Epitheton von Personen
404 *die minneclirhe clar*, 424 *die*　　bei Konrad sehr oft: vergl. *Tr*
　clare, 1070 *zer claren*, 1092　　388. 492. 821. 5836. 7756. 8806.
　die claren　　*A* 206. *Schw* 289. 654. 768. *E*
　　　　　　　　　　662. 1020. 1292. 1968. 2000.
　　　　　　　　　　S 355. *P* 7113. 7898. 9842.
　　　　　　　　　　10173. 11201. 11269. *GS* 677.
　　　　　　　　　　709. u. ö.

edele

58 *ritter edel unde guot*　　*ritter edel unde guot*
476 *edel ritter wert*　　*Tr* 38783. *edel ritter guot P* 19658.
1158 *edel ritter here*　　— *ritter edel unde wert*
　　　　　　　　　　Tr 8982. — *ritter edel unde*
　　　　　　　　　　hêr Schw 1306. *ritter edel W*
　　　　　　　　　　234. *P* 12636. 13837. *E* 2745.
　　　　　　　　　　Tr 9793. *edel(er) ritter P* 4769.
　　　　　　　　　　16158. 17826. *Tr* 30122. 33257.
　　　　　　　　　　37168. *ritter edel unde fier P*
　　　　　　　　　　11976.
790 *edeln fürsten*　　*edelen fürsten O* 110. *der*
　　　　　　　　　　edel(e) fürst P 2677. *E* 5172.
　　　　　　　　　　fürsten edel TN 966. *Tr* 26788.
890 *maget edel unde vin*　　*maget edel unde fier P* 10706.
　　　　　　　　　　si was gar edel und gar vin A
　　　　　　　　　　204.
1082 *edle frouwe min*　　*edel frouwe E* 2032. *frouwe(n)*
　　　　　　　　　　edel P 8498. 14552. *Tr* 21154.
　　　　　　　　　　edele werde frouwen Tr 33973.
　　　　　　　　　　edel wip P 3722.

62 der edel und der stete   der edele und der stæte
                            P 1096. Tr 4160. der edele E
                            1108. 5051. 5075. Tr 7298.
                            10072. 16849. P 2770. 3004.
                            3641. 3806. 9255. 9743. 10514.
                            13894. 16147. Pant 132. S 186.
                            TN 621. A 130. 252. 1030. —
                            edel auch sonst sehr häufig bei
                            Konrad.

edele — guot
58 ritter edel unde guot   ritter edel unde guot Tr
                            38783. edel ritter guot P 19658;
                            — sonst noch P 556. 4852. Tr
                            11036. 19550. 22785. E 1108.
                            2598. 5051.

edele — hêr
1158 edel ritter here   ritter edel unde hêr Schw
                            1306; Tr. 26442. E 8940.

edele — stæte
62 der edel und der stete   der edele und der stæte P
                            1096. Tr 4160.

edele — vin
890 maget edel unde vin   Jänicke merkt an: si was gar
                            edel unde vin A 204; sonst noch
                            TN 454. 665. Tr 6761. 25480.

edele — wert
476 edel ritter wert   ritter edel unde wert Tr
                            8982; sonst noch M 95. S 40.
                            635. P 5968. 8498. 11039. 11061.
                            A 252. 662. E 1608. 4283. Tr
                            26788. 38973. 37802.

eigen
418 daz ich bede lip und   daz ich lip herz (herze lip sin)
    leben für eigen üch   unde leben für eigen iu
    wil iemer geben   well iemer geben P 1865.
                            Tr 4453.
1154 ir eigen lant   eigen lant Tr 15157. 23461.

eine
822 wie sint ir hie so eine? daz belibe alse eine der werde got
                            S 2895.

495 *wem sol ich üch hie eine lan?* got niht eine mohte sin S 2956. der wart versuochet eine S 8703.
807 *der wandels eine* der (diu) wandels eine P 5238. 18492. Tr 28148; Tr 20016. trûrens eine P 7342. kreften und froiden eine S 410. zwivels eine S 2655. vorhte ... eine Tr 802; Tr 24048. 24517. O 471. P 660. 12692. E 2925.

einic

830 *ich hie so einig saz* sin einic gotheit S 2818. einec kint
859 *ich ein einig muomen han* A 1193, E 983. 1071. Tr 40291. 40310. GS 852.

êlich

384. 390. 395. 627. 719. 925 *elich wip* êlich wip A 170. Tr 5215. 11212. 18273. 37676. u. ö.; êlichen man Tr 8368. [HB470—1].

wite erkant

113. 353 *lop ... wite erkant* êre (tugent) wite erkant Tr 88. P 4918. lobes unde êren vil erkant P 8071; sonst sehr häufig: P 3720. 11614. 18401. 19430. 19185. Schw 72. 266. O 658. S 2754. Pant 576. Tr 674. 976. 4195. 17496 u. ö.

erwelt

846 *für den erwelten künig* für den erwelten künig Schw 68. erwelte(n) künig(e) P 5725. 13611. 19969. 20124. 21200. 21503. Tr 25361. Schw 255; erweltiu künigin(ne) Tr 2798. 14628. 22812. 23122. GS 1782; sonst noch A 373. 1167. TN 727. E 830. Tr. 4991. 5177. 5427. 6630. Pant 140. 514. 706. 726. Schw 236. 1026. GS 660. 746. 802. 919. 1199. 1472. P 441. 1857. 2164. 2423. u. ö.

frech

794 er ist so freches muotes
er schein so freches muotes
Tr 30124. si waren freches muotes
Tr 25536. künic freches muotes
P 3790. mit (an, ze) frechem
muote P 5474. Tr 19194. 29755.
frechen muotes Tr 14771. 30703.
39144. frecher muot Tr 5972.
39378.

876 die werden und die frechen | fürsten
die werden und die frechen]
fürsten O 298. nie ritter wart
so tiure erkant noch so vrech O
623; frech sonst noch Tr 4064.
6802. 8217. 11566. 12038. 17240.
18447. O 559. TN 448. Schw
686. 903. 965. P 412. 3337.
3818. 4258. u. ö.

frech — wert

876 die werden und die frechen | fürsten
die werden und die frechen'
fürsten O 298. die werden und
die frechen Tr 11566. ir werden
und ir frechen ritter Tr 12038.

fremde

1120 frömde lant
fremdiu(ez) lant P 11613. E
306. 325. Tr 11190. 11663.
13104. Pant 1952 u. ö., fremdem
lande Tr 8735; vergl. noch Pant
605. 821. 1478. S 157. 449.
1112. 1808 u. ö.

fri

824 frouwe clar und schanden fri
missewende fri TN 331. S 4742.
gallen fri Kl 10,1. froiden fri
Kl 19,7. minne und aller froiden
fri Kl 31,5. sorgen fri P 21249.
wunne fri P 21485; am häufigsten wandels fri: Pant 130. E
2463. 2484. 4440. TN 151. 617.
P 5238. 10768. 11230. 16907.
16921. GS 1724. S 538. 1609.
Tr 462. 1334. 4348. 7260 u. ö.

351 *frien hende*   *frien(r)hant* Schw 445. 459. Tr 30659. 36880. 39462. 39500. 40015. TN 2. 845. *frien henden* Tr 31292. 39923.

500. 665. *friez leben*   *friez leben* Tr 14583. 31515. 36564. 38882.

894 *sü ist von geburte fri*[1])   *ist er von gebürte fri* P 16676. (HB 84, wo noch mehr Belege). *von gebürte fri* Tr 14863. 18447. E 223. vergl. *von gebürte hôch* Tr 27582. 29533. 30694. 35611. P 12805. A 1036. *edel von geburt* E 412. 715. 2497. P 20519. *von geslehte hôch* P 19102; vergl. noch P 19976. 19992 u. [HB 436 Anm.]

frô

83 *was er von herzen fro*   *von herzen frô* Pant 1238. P 4803. 11002. 13996. 16479. Tr 10926. S 195. 2369; vergl. noch *herzenlichen frô* P 17368; E 1289. S 814. Pant 571. P 14787. 16240. 17029. Tr 5105. 6011. 10487.

175 *warent siner künfte fro*
819 *des wart der ritter harte fro*
812 *des was der fürste harte fro*

siner künfte frô Schw 221. P 7216. 16505. 18735. Tr 18244. 20384. 29633. Pant 1705. E 656. 4277. 5748. 0446. *frô der künfte sin* Tr 31714; ähnlich P 3384. 7852. 11038. S 1883.

froidenrich

550 *des wart er froidenriche*   *des wart er vröiden riche* Tr 16016. *si wurden vröidenriche* Tr 29492; A 403. Tr 1321. 4696. 5488. 16117. Pant 689. 729. Kl 21,4. P 2431. 6231. 10905. 12547. 12597. 12901 u. ö.

---

[1]) So ist mit *d* zu lesen; *wan ir geburt ist hoch und frih*. Die Lesart des Druckes ist reichlich aus Konrad zu belegen, während für die von *h* auch nicht ein einziger Beleg zu finden ist: überall *von geburte hôch* oder *fri*.

from

45 *fromer man*
97 *fromer ritter*

fromen liuten Tr 17843. *frome ritter* Tr 36773. *knaben frum* A 913. *dem werden frumen* P 11983; Tr 4235. 31457. 34468. 34802. 39105. P 12970. 15735. 19442. 20396. 21366. E 1296. 4506.

frôn

346 *bi dem fronen gotes grabe*

deme frônen gotes grabe M 109. *dem baradise frôn* A 425. S 207. 3440. 5175. *messe frôn* A 789. *bâbest frôn* A 990; GS 291. 339. 377. 550. 619. 704. 979. 1137. 1292. 1566. Tr 19890. S 432. 515. *Pant* 1756. 1772. P. 7983.

gàch

660 *mir ist ze manger hande gach*
702 *do wart dem jungen ritter gach*

sus wirt ril manger sêle gâch zuo ... GS 604; P 3023. 5494. 13103. 15375. E 492. Tr 7810. 10222 u. s. o.

ganz

563 *ganzer minne*
616 *ganze liebe*
1102 *ganze bihte*

ganze minne Tr 2446. *ganziu liebe* Tr 798. 11236. 37453. E 3467. M 7; *ganze triuwe* P 3108 [HB 129]; P 11000. 11032. 14003. *ganze stæte* M 528. P 7051. Tr 8389. *ganze stætekeit* P 6786. 6831. 7019. *ganze tugende* TN 11. 65. S. 459. 827. *ganziu werdekeit* TN 226. S 466. 1338; P 6713. 6817. A 59. 95. S 1174. E 225. Tr 8750. 12965. u. ö. bei Abstrakten.

gebluemet

485 *uf der gebluemten heide*

ûf (zuo) der gebluemten heide Schw 944. Tr 26043. 30105. 31536. 31735. 33587. 34061. 34107. 35173. 39622. 40424. P 5889; ähnlich steht *gebluemet* TN 136. GS 777. *Pant* 110. S 68. 115. 495. Kl 2,8. Tr 12. 1091. u. o.

gemæze

893 *ir ouch gemeze si* — dem wære ich zeime wibe gemæze P 11593; vergl. noch P 8072. 17250. 19975. *Schw* 795. *E* 2079. *GS* 1765. *O* 118. *Tr* 1878. 3129. 3143. u. ö. [*HB* 195].

gemeit

648 *fürst gemeit* — ritter vil gemeit *M* 112. maget vil gemeit *P* 6954.

810 *siner kunft was er gemeit* — wart *siner kunft gemeit Tr* 1046. 5418. von ir künfte wart gemeit *Tr* 23033. wart gemeit von siner künfte *Tr* 4683; vergl. noch *P* 388. *GS* 381. *E* 584. 1090. 6433. [*HB* 69 u. 88].

wol geslaht

502. 707 *ritter wol geslaht* — ritter wol (vil) geslaht *E* 2584. *Tr* 32208. grâven wol geslaht *P* 11120.

558 *frouwe wol geslaht* — frouwe vil geslaht *M* 430; vergl. noch *M* 420. *TN* 478. *A* 270. *W* 24. *Tr* 3760. 13880. *E* 4227 u. ö. [*HB* 222].

gestalt

861 *die ist ... also minneclich*[1]*) gestalt* — wunneclich gestalt *Tr* 1521. 2521. 2809. 9290. 18275. wol gestalt *P* 6032. 11030. *Tr* 7555. 14635. 14859. *E* 2995 u. ö.

wol getân

496 *frouwe wol getan* — frouwen wol getân *Tr* 28770 [*HB* 418].

906 *fürsten wol getan* — wip nâch wunsche wol getân *P* 7865. wip vil wol getân *M* 60; *A* 166. 188. *P* 1114. 1312. 3152. *Tr* 364. 442. *Pant* 279. [*HB* 102. 111. 384. 418].

---

¹) lies wunneclich mit d.

860 die ist so rehte¹) wol   er wart sô rehte wol getân
    getan   P 11200.

getriuwe

9.411 getrüwez herze   getriuwez herze P 2732.
                        2964. 16506. Schw 320 E 2392.
                        6474. Tr 2284. 2325. 5386.
                        8366. 29075; getriuwe sonst noch
                        P 1198. 2545. 14427. 14544.
                        15666. Pant 1282. 1414. M 379.
                        537. E 1638. 4313. 5275. 5881.
                        Tr 1636. 2632 u. ö.

gevar

269 sü was... also wunnec-   wünnecliche (gevar Schw
    lich gevar   1278. P 12430. Tr 3890. 5274.
                              5729. 11303. 16203 u. ö.

gewaltic

583 du solt min gewaltig sin   gewaltic niht der liute sint S
869 daz ir des gewaltig sint   2143; S 892. 1418. 1604. W
                                207. Schw 359. 369. 385. 393.
                                Tr 3261. E 735. 1366. P 19981.
                                O 57 u. ö.

gezæme

844 der vil gezeme   gebere und ouch gezeme was ez
893 ir ouch gezeme si   dennoch siner frien hant Schw
                               458. (463).
249 als ir vil wol gezeme   als im(e) .. gezæme was TN
    was   505. Tr 7331. 36711. 23831.

wol gezogen

34 ritter wol gezogen   [ritter wol gezogen HB 458],
                         wo in der Anm. noch mehr Be-
                         lege für ritter wol gezogen.
                         maget wol gezogen P 11860. Tr
                         16803. grâve wol gezogen P
                         9938; P 3921. 14243. 14896.
                         E 1878. Tr 4124. 32244.

---

¹) so rehte noch: 200 so rehte schœne, 276 so rehte nahe, auch bei KvW sehr häufig: P 39. 1755. 1761. 2946. Tr 1339. 11329. 11349. E 254. 612. 1149. O 130. Pant 393. S 823. 1052. 1060. [HB 249.] u. ö.

gram

1174 dem ist ouch got von himel gram — ir muot der ist getihte gram Tr 152. 10896; Pant 1125. [HB 379].

grôz

37 groz arebeit — græzer arbeit P 737. 15858.
1094 mit grozem jamer daz beschach — [mit grôzem jâmer daz geschach Tr Fortsetzung 40553.] groz(em) jâmer E 1254. P 12833. 20275. 21412. Tr 8747; A 366.
1128 uz grozer not — grôze(r) nôt M 486. S 306. 395. 1073. 3669. P 1503. 10788. Tr 5262. 11362. E 1757. 3334. u. ö.
187 miner grozen sünden
427. 566 græzer liebe — grôze sünde E 5410. sünde grôz Tr 33981. grôz ähnl. noch Pant 127. M 42. 205. 270. Kl 17,8. P 1424. 3373. 10920 u. s. o.

grüene

438 uf dirre grüenen heide wit — der (die) heide grüene TN 229. P 3805. 13578. Tr 605. 695. 3781. 12212. 30096. 31205. 31440. 36048. 39956.

guot

8 got der guote — got der guote P 788. 3647.
13 guoten glouben — guoten(s) willen P 1893. 2235. 4345. 14277. W. 33. S 1269. GS 107. Tr 21899. 30314. Schw 1206 u. ö.
708 nam ... guote naht — butens ... guote naht Tr 28127.
58 ritter edel unde guot — edel ritter guot P 19658.
167. 402. 898. 1079. 1139 ritter guot, 469 guot ritter — ritter guot P 3380. 4588. 4722. 13092. 16158. 19870. guot ritter Tr 32972. 36695. [HB 421. 443].
173 lieben vesten guot — feste guot Schw 50. 193. P 16325. 19371. Tr 11596. 11931. 38955. guoten veste Tr 18161. 23775. 37079.

219 *werde frouwe guot* *frouwe guot* M 29. 203. GS
785. 816. 963. 1114. P 1310.
2814. 7417. 11446. 11469. E
3303. *Tr* 4415. 5997. u. ö.
503 *guoten pferde* *jagepfert schœn unde guot*
P 372. *ros (orse) guot Tr* 4019.
11956. 30068. 32368. P 2274.
20313. E 2598.

guot — edel s. oben unter *edel—guot* S. 38.

guot—wert
219 *werde frouwe guot* *werde ritter guot* P 19442.

heilic
1002 *heilig öl* *heilic amt* S 1453. *ambet heilic*
S 556. *heilec . . man* A 646.
S 158; sonst noch A 652. S
1498 u. ö.

hêr
49. 150. 766 *werde(n) ritter
her(e),* 1010 *ritter her*
1158. *edel ritter here* *ritter edel unde hêr Schw*
1306.
93 *degen here* *degen hêr Tr* 20524. 37436.
140 *werden frouwen here frouwe hêr(e) Kl* 18,6. *P*
2542. *Tr* 21472. 22049. 23170.
37988. *hêr* sonst noch sehr oft.

hêr — edel s. oben unter *edel—hêr* S. 38.

hêr—wert
49. 150. 766 *werde(n) ritter* *werder grâve hêr* P 4396.
her(e), 140 *werden frouwen
here*

herzeliep
981. 1114 *herzelieber man* *herze(n)lieber man* S 1543.
P 1850. 10980. E 3396. 5963.
Tr 10329. 13198. 22602.
713 *ach herzeliebe frouwe* *ach herzeliebiu frouwe
min* *min Tr* 8124. P 14304.
440 *ach herzeliep* *ach herzenliebiu swester min* P

hôch

(904 *ir geburt ist hoch und fri*
962 *die maget rich von hôher art*

s. oben unter *fri* S. 41).
maget rich von hôher art
A 160. *P* 11192. *maget von hôher art E* 4424. *rich von hôher art* sonst noch sehr häufig: *Schw* 88. *P* 15749. *E* 4157. 4253. 4295. *Tr* 5303. 5812. 9536. 10106. 12481. 20420. 23911. 26641. 29796. u. ö.; *rich von hôher kür P* 5969. 6812. 17920. *Tr* 1682. 17013. *E* 1322. *von hôher art A* 298. 572. *Schw.* 603. *E* 663. *Tr* 555. 658. 2171. 4002. u. ö.

12020. 14952; ferner *S* 2470. 2561. 4351. *Tr* 9173. 14279. 14860. 17185. 18632. 24344. *A* 191. 1157. *P* 12613. *E* 350.

hôchgeborn

80 *hohgeborne leie*
315 *frouwe hohgeborn*

frouwe(n) hôhgeborn P 11706. 14114. 15565. 16402. 17137. *Tr* 5997. 9135. 10258. 13196. 18066. *hôhgeborn* sonst noch sehr häufig.

hôchgelopt

294 *hohgelopte fruht*

der hôchgelopte W 52. *P* 6283 *der vil hôchgelopte man Schw* 1276; sehr häufig bei Konrad als Epitheton von Personen und Sachen: *P* 1162. 10567. 11632. 13341. 14035. 20278. *Tr* 2769. 7911. 8154. 8506. 9398. 10155. 11730. *Pant* 39. *GS* 1508. *TN* 91. *W* 195. *S* 73. *E* 704. 2408. 5107 u. ö.

(hôchgemeit)

1005 *ritter hohgemeit*

Dieses *hohgemeit* von *h* passt hier schwerlich; weit besser *unverzeit*, das *d* (als *unverzagt*) bietet, weil der Ritter nicht

Bange hatte vor der Fee. Zudem ist *ritter unverzagt* oder *unverzeit* bei Konrad sehr oft zu belegen, s. unten unter *unverzagt; hôchgemeit* dagegen bei ihm gar nicht zu finden.

hôchgemuot

174 *fründen hohgemuot*, 1140 *brüeder hohgemuot*	*vrouwen hôhgemuot Tr* 30937. *ritter hôhgemuot M* 162.
220 *frouwen hohgemuot*	*Schw* 862; sonst noch *Tr* 2737. 3304. 4361. 5543. 5582. 7565. *P* 230. 17114. 17142. 17391. 17571. 18136. 18840. *E* 312. [*HB* 470.] u. ö.
168 *daz . . . tet in dicke hohgemuot*	*macht mangen hôchgemuot Tr* 2775.

holt

177 *(got) si uns armen sündern holt*	*min herze ist im . . holt O* 628; *P* 311. 1855. 2516. 7507. 7679. 8971. 11203. 11314. 11849. *Tr* 516. 724. 2247. 31637. *TN* 568 u. ö.

jæmerlich

1170 *jemerlicher zol*	*jæmerlichen zol Tr* 37027; sonst *P* 2733. *M* 245. *A* 1024. *GS* 980. *S* 3152. *Tr* 11926. 12532. 12957. 34273 u. ö.

junc

32 *ir stolzen werden jungen man*	*der junge süeze werde man P* 11236. *der junge werde man*
666 *junger man*, 1166 *ir jungen liute*	*P* 13079. *junge(n) man P* 1198. 2192. 19743. 20254.
38 *üch jungen*	*der junge wol getâne P* 3152. *diu junge P* 11950. *S* 146. 186. *die werden jungen P* 13643; vergl. noch *P* 5547. 5968. 7648.
165 *in sinen jungen tagen*	[*in minen jungen tagen Tr Forts.* 4668.]
702 *jungen ritter*	*junge ritter P* 12724. 12832. 17627. 19056. *Tr* 37211. *junge degen P* 3379. 3626. 4715. 5882. 9026. 16698 u. ö.

832 *jungen knaben*
724 *junger milter starker lip*
926 *junger lip*

junge süeze knabe P 9057. Tr 539. *schœne stark und ellentrich wirt sin junger lip erkant* P 4469. *junger lip* P 4891. 4939. 8422. Tr 4277. 4828. 13618. 16361. E 252. 2842. 3447. 5183. 5846.

junc — milte
724 *junger milter starker lip* *der junge ritter milte* Tr 37211.

junc — starc
724 *junger milter starker lip* *schœn stark und ellentrich wirt sin junger lip erkant* P 4469. *der junge starke helt* Tr 29709.

junc — wert
32 *ir.stolzen werden jungen man* *der junge werde man* P 13079. *der junge süeze werde man* P 11236. *die (den) werden jungen* P 13643. 19073. *der edele werde junge* P 5968. *dem jungen werden künege hoch* P 3293. *der junge künic wert* P 3570. *der werde junge degen* P 3742.

jungestlich (jungest)
387 *biz an den jungestlichen tag*
577 *biz an den jungsten tag*

biz an den jungestlichen tac Tr 12328. 19388. 23308. 23738. 25362; sonst noch P 6441. S 810. GS 631. Tr 17678 20138. 30251.

kluoc
549 *die schœne frouwe er vor im sach kluog und weidenliche* *diu schœne frouwe kluoc* W 95. *frouwe kluoc* P 10879. 13075. E 2468. *juncfrouwe sælic unde kluoc* P 10618; sonst noch M 284. Kl 30,3. P 2328. 5934. 7383. 9924. 13642. E 887. Tr 15648. 20034. 20200. 27746 u. ö.

kostlich
774 *ros harnesch unde pfert kostlich* *kostelich gezelt* E 2478.

lanc

177 *lange zit*   *lange zit* S 2375. E 2037.
3635. *Tr* 9629. 10295. P 4319.
7695. 10449. *Pant* 963 u. ö.

135 *in rehter maze ...*   *in rehter mâze lanc* P
weder ze kurz noch ze lanc   12475.

lære

93 *der selbe degen here*   *dâ wart gemachet lære vil*
macht mangen satel   *manic satel Tr* 36332, ähnl.
lere   *Tr* 39800.

leit

6 *im unfuog lat wesen*   *lâ dir iemer wesen leit daz*
leit   .. S 1567; vergl. noch S 220.
2644. M 166. *Pant* 855. 1026.

lieht

217 *git liehten wunnebern-*   *(gab) liehten schîn* W 80.
den schin   TN 436. 475. A 956. E 98.
242. 3031. P 781. 12514. 14832.
Schw 119. 880. GS 1061. 1173.
S 1829. 4200. *Tr.* 1133. 2484.
3780 u. ö.

liep

173 *lieben vesten guot*
638. 678 *lieber frünt*   *(vil) lieber friunt Schw* 1204.
390. 377. 576. 658 *min lieber*   W 117. 193. *friunt lieber Pant*
frünt, 1044 *vil lieben fründe*   1150. *Tr* 28756. 37392. 38007.
min, 735 *die liebsten fründe*   *lieben friundes* P 15554.
din

586. 744 *min lieber man*   *lieber man* P 9966. 10831.
Tr 35016.

621. 815. 853 *lieben mage(n)*   *lieber mâc* P 3393. *lieben*
mâge Tr 31364.

1111. 1143 *(vil) lieben brüe-*   *lieben bruoder Tr* 18631;
der min   ähnl. S 2633. E 444. 1383. *Tr*
13818. 15104 u. ö.

623 *er in liep in triuwe was*   *er muose liep dem keiser sin* A 78;
582. 720. 728 *lieb*, 562 *zwein*   E 1286. 1623. *vor der lieben*
lieben, 1118 *du liep*, 497.   P 12577.
1072 *min liep*

lobelich

268 *sü was so lobeliche*

370. 726 *ritter lobelich*	*ritter lobelich E* 4909. *TN* 696. *P* 13171. 13216. 17038. 17744. *Tr* 9134. 11470. 11735. 11982 u. ö.
1136 *maget lobelich*	
517 *mitlobelichemschalle*	*mit lobelichem schalle Pant* 1485. *Tr* 10281. — *lobelich* sonst noch sehr häufig bei KvW.

lobesam

256 *der stein der was so lobesam*	
265 *es wart kein keiser nie so lobesan*	*keiser lobesam S* 2257. 2510. 3554. 3914. *P* 17434. 18067. 18164.
328. 750 *ritter lobesan*	*ritter lobesam TN* 573. *P* 15365. 20371. *Tr* 17708. 22404. 30258. 30674 u. ö.
432. 1016 *frouwe lobesan*	*frouwe lobesam Tr* 15150. *juncfrouwe lobesam P* 10846.
620 *brüedern lobesan*	*vater lobesam S* 1519. *Tr* 5110. *P* 19519.
796 *künig lobesan*	*künic(ege) lobesam P* 4694. 4977. 5910. *S.* 2380. *Tr* 18341.
848 *fürste lobesan*	*fürste(n) lobesam O* 427. *E* 4276. 5028. *Tr* 24797.
1108 *maget lobesan*	*maget lobesam F* 18020. *von der lobesamen E* 1185; *S* 1697. 2478. *Tr* 4065. 7660. 11894. 13468. 17988. 18341. *Pant* 1704. 1725. *P* 5724. 6128. 9408. 10152. 11816. 14344. *E* 1185. 2412. 2866 u. o.

lûter

136 *sin herze ist luter ane wanc*	*din wille und dines herzen gir sint lûter P* 12185. *din sin ist lûter* W 138; *maget lûter P* 991. 10756. 11842; *Pant* 786. 868. 1066. 1179. *Kl* 2,1. *A* 8. *O* 726. *E* 662. *Tr* 822. 23102. u. ö.

4*

michel

622. 786 *michel ere* — *michel êre Pant* 609. *P* 3899. 17948. *Tr* 38923. *michel tugent S* 271; *S* 307. 3248. *M* 209. *Pant* 77. *Tr* 1142 u. ö.

milte

59 *von art ein milter man*	*miltem manne E* 1569.
143 *er .. were .. darzuo bescheiden milte*	
343 *ritter milte*, 774 *milte ritter wert*	*ritter milte Tr* 37211.
595 *milten hende*	*milten hende* oder *hende milte Tr* 32287. *Schw* 331. 723. *TN* 58. *P* 201. 279.
597 *miltez herze*	*miltez herze Tr* 5659. *milten herzen P* 181.
610 *degen milte*	
724 *junger milter*[1]) *starker lip*	
800 *der milt von Stoufenberg*	*von Engellant der milte TN* 910. *der milte P* 5916. *Hector der milte Tr* 4106; *milte* sonst noch *S* 2855. 3939. *GS* 661. *Schw* 694. *Kl* 30,5 *P* 5787. 14231. 14403. *Tr* 24653. 27506. 28358. *E* 670. 1604. 2434 u. ö.

milte—junc s. o. S. 49 unter *junc* — *milte*.

milte—wert

774 *milte ritter wert* — *die werden und die milten Tr* 39570.

minneclich

404 *din minnecliche clar,*	*diu minnecliche W* 110. *P* 2591. 3105. 7075. *Tr* 3265. 8011. 9172 [*HB* 213. 240.] u. ö.
544 *die schæne minneclich*	
421. 913 *minnecliche(z) wip,*	*minnecliche(z) wip W* 90 *P* 3078. 12834. *Tr* 11331. 19726. 20844 [*HB* 434 u. 11.] u. ö.
489 *daz schæne minnecliche wip*	

---

[1]) Uier ist wohl *milter*, das zu *lip* wenig passt, durch eins der von d gebotenen Epitheta *werder stolzer* zu ersetzen, *stolzer lip* steht im Gedicht noch zweimal: 396. 628; s. S. 57.

1011 schœne frouwe minneclich	frouwe(n) minneclich E 4568. W 178. P 2196. 7461. 8598. Tr 4638. 10138. 13476 u. o.
1090 maget minnenclich	maget minneclich E 2132. 2295. 2328. 2949. 4046. Tr 9045. [HB 11.]
1035 minneclicher fuoz	minneclicher munt GS 204. ir libe minneclich M 70; sonst noch sehr häufig: M 14. 17. P 1355. 1543. 1597. 5451. 6945. E 873. 968. 980. 1051. Tr 8833. 10149. 11317. 16868 u. ö.

missevar

873 do wart der ritter missevar	ûf spranc der vil genæme erschrocken unde missevar W 109; sonst noch P 581. 7582. 9977. Tr 15584.

nâch[1])

675 sin naher sippe	nâhe sippe P 7048. 17973. 19105. Schw 383. Tr 21611.

reht

133 in rehter maze	in (ze)rehter mâze P 12475. Tr 17547. 19984. 20012. 39683. L 32,154. die rehten mâze Tr 34516.
608 ein rehter lantvarære 137 rehten mannes, 827 rehter stecher, 937 rehtez wip 654 zimlich unde reht	ein rehter lantvarære E 2830.
900 ez duht sü billich unde reht	s. oben S. 36 unter billich. — reht sonst: O 206. 500. S 1171. GS 1748. Tr 17571. 18571. Pant 1007. 1021. P 8991.

reine

214 die zarte reine 321 werde reine	diu reine A 367. Tr 7863. 14617. 15675. 15686. P 1545. 3177. 6747. 6980. 7075. 8778. 10694. E 897. 914. 1020. 1160 u. ö.

---

[1]) 276 so rehte nahe = (al)so rehte nâhe P 13793. E 3269. Tr 32979.

836 reine frouwe, 943 reine frouwen zart	frouwe(n) reine oder reine frouwe P 1450. 1494. 8356. 9676. 11157. 18028. GS 1798. 1932. S 2656. Tr 4644. 7305. 8994. 14530. E 877. 2108. 2568. 5112. Kl 22,4 u. ö.
952 reine wip	reine wip M 263. A 104. 1071. P 268. 3078. 5234. 7464. 7819. 8323. 8786. 9008. Tr 1828. 4168. 12932. 14202. E 282. 910. 1104 u. ö. [HB 489.] reine sonst noch ungemein häufig.

reine — wert

321 werde reine	werden frouwen reine Tr 7305.

rich

158. 237 riche(n) cleide(r)	richez cleit W 228. P 2208- 14484. 17370. 17902. Tr 14586. 15134. 24550. E 1305 u. ö.; cleider riche Tr 7272; vergl. noch E 2581. 2695. TN 194. 293. 334. GS 893. S 1978. P 5205. 15487.
226 rich gewant	rich gewant P 20846. Schw 1274. Tr 3142; ähnl. S 4914. A 200. P 17284. Tr. 1682. 2907. 20245. Kl 7,4.
246 rich fürspang	richen borten A 77. P 14443.
962 maget rich von hoher art	s. o. S. 47 unter hôch; richiu frouwe P 9565. grâve rich P 17788; Pant 26. 104. E 1413. O 174. 349. 627. TN 354. 390. P 10105. 15735. 15793. Tr 17684. 17986. 21560 S 874. u. ö.

ritterlich

147 ritterlichen pris	ritterlichen pris Tr 12819. 19357. 25896. 29746. 34547. 34909. 35479. P 4338. 15521.
817 ritterlicher just	ritterlicher just TN 395. Tr 24938. 26903. 30887. 34489. joste ritterlich Tr 39975. ritter-

644 helt so ritterlich
933 ritterliche man

lichen strit Tr 19165. P 15267.
15698. ritterliche turnei P 12699.
15430. 16945.
ritterlichen degen P 13383. 14129.
Tr 12913. ritterlich sonst noch
TN 197. 751. Tr 28346. 30493.
32867. O 613. E 2597. 2610.
2741 u. ö.

rôsevar

232 von palmatsiden rose-
var

von palmâtsîden rôsevar
Schw 120. wängel rôsenvar P
7961; sonst noch P 10453.
11380. 14778. Tr 3028. 15927.
20433 u. ö.

rôt

376 uz munde rot

ûz .. munde rôt P 2932.
19274. 19926. Tr 1948. ûz
rôtem munde 29252.

423 an ir roten munt
493 an roten munt, an wänge-
lin

mit (ir) rôten munde P 5231.
7666. 17030. munt durchliuhtic
rôt P 7252. rôter munt Pant
1086. P 12036. Tr 5662. ir
munt ... rôt erschein P 8670.
ir wängel rôt P 8034. 8678.
rôtiu wangen P 8605 Tr 33782;
Tr 3037. 9370. 15154. P 2840.
7961. 8034. 8419. M 224. S
354. 980. E 2992. 2986 u. ö.

126 daz gras macht er von
bluote rot

daz grüene gras mit bluote
rôt wart geverwet P 6174. er
die heide grüene mit rôtem bluote
machte naz Tr 39956; P 16176.
16304.

schœne

54. 86. 651. 612. 749 schœne
frouwe, 209 frouwe so
rehte schœne, 247 schœne
frouwe clar, 1011 schœne
frouwe minneclich, 548 die
schœne frouwe .. kluog ..
212 kein schœner wip

schœniu(e) frouwe oder
frouwe schœn W 95. 183. P
8607. 10599. 16318. 17463 Tr
1342. 1369. 1666. 10197 u. ö.

kein schœner wip Tr 32105.

371 *schænez wip*, 489 *schæne minnecliche wip*	*schænez wip* M 134. 16). P 6552. 7094. 9008. *Schw* 1293. S 940. W 67. 88. E 226. 911. Tr 354. 826. 1701 u. s. o.
286. 289. 312. 574. 586. 985 *die schæne*	*diu schæne* M 74. W 191. A 1099. P 1571. 2160. 2174. *Schw*
644 *die schæne minneclich*, 978 *die schæne vin*	289. 645. 674. 678. Tr 742. 7465. 7629 u. ö.
215 *nie schæner bilde wart gesehen*	*nie schæner bilde wart bekant* Tr 12963; ähnl. 6715.
1034 *schæner . . . . fuoz*	*ir libe schæne* Tr 1265; P 10887.

schæne—vin

978 *die schæne vin*	*(ir) stat schæn unde vin* Tr 12425. 37074.

sælig

850 *iich hat ein selger tag betaget*	*sælic troum* S 1204. *sælic bilde* Tr 284; vergl. noch S 228. 257. 461. 472. 531. W 167. M 271. O 723. P 9833. 10076. 10618. 11854. [HB 498].

stæte

62 *der edel und der stete*	*der edele und der stæte* P 1096. Tr 4160. *der stæte* E 5031.
912 *ritter stete*	P 2433. S 1461. Tr 3198. 9762. [HB 128.] M 439. Tr 1285. 2871. P 5229. 5455. W 247. S 289. E 1022. 4096 u. ö.

starc

724 *junger milter starker lip*	*schæne stark und ellentrich wart sin junger lip erkant* P 4468. *starker(n) lip* P 4259. Tr 3857. 27752. 28786. 29517. 32256 u. ö.

starc—junc s. o S. 49 unter *jung — starc*.

stolz

32 *ir stolzen werden jungen man*	*jungelinc schœn unde stolz* Tr 603. P 726. *stolze jungelinc* Tr 3358.

91. 131 stolze(r) ritter
396. 628 stolzer lip

[stolzen ritter HB 59.] wo
noch mehr Belege. stolz sonst
noch Tr 693. 935. 1251. 5914.
14934. 15068. 15233. 36221.
P 10689. 13145 u. ö.

süeze

560 süezen minne spil

süeze(n) minne M 43. 84.
247. 317. 472. P 2774. 6682.
7026. 15169. 16040. 17986.
20724. E 1919. 2169. 3527.
Tr 2493. 2577. 4362. 4392.
4414. 10130 u. ö. [HB 315].

tiure

143 er ... der türste
1163 türste ritter

tiurste Tr 6560. 29865. 30009.
den tiursten S 596. P 9052.
16434.
die tiursten .. ritter P
3258. nie ritter wart so tiure O
622; A 875. Pant 937. P 13137.

tôt

44 darumbe ist manger tot
gelegen
103 des lag vor im vil manger
tot

tôt ... ligen W 129. 223.
O 17. 153. M 129. 223. S 367.
521. A 943. E 810. 1132. 3791.
Pant 205. 719. Tr 434. 513.
519. P 514. 1224. 1655 u. ö.

tugenthaft

200. 409. 523.
527. 540.
620. 780

tugenthafte
man

der vil tugenthafte man M
508; tugenthaft sonst noch sehr
häufig: Pant 300. W 32. 246.
M 242. S. 715. P 4794. 10124.
12962. 17997. Tr 5440. 5781.
E 352. 1036 u. ö.

undertænig

901 müeste im undertenig sin

daz du mir undertænic bist W
197; O 3. 517. S 352. 878. P
10843. 11543. E 2947. A 1356.
Tr 17889. 18623. Pant 327.
1413 u. ö. [HB 479.]

ungemeit

1066 *wart ungemeit* — Partonopier vil *ungemeit wart hie von gemachet* P 674. *wart . . . ungemeit* Tr 1975. 6969. 19113; vergl. noch S 1005. Tr 7159. 7549. 8058. 28696. P 19411. E 5749. [HB 69.]

ungetouft

128 *manger ungetoufter man* — *ungetoufter man* P 3549. 6457. *ungetoufter liute* P 3667. 20662. 20679. S 2716; *ungetouft* sonst noch *Part* 387. 1301. P 3301. 3336. 3793. 3888. 4075. 13182. 18782. S 819. GS 1444. Tr 12583 u. ö.

unnôthaft

594 *er . . . alle machte unnothaft* — *was er . . . an liuten alsô nôthaft* O 405. Jänicke hierzu merkt an *Ernst* 4777 B u. *Kindh. Jesu* 85,52 in der hs. A.

unverdrossen

570 *sü warent unverdrossen* — *ritter unverdrozzen* E 3470. *dûz leit er unverdrozzen* A 690; sonst noch Tr 23894. 26452.

unrerhouven

56 *mange schœne frouwe . . . . . . der lob ist unverhouwen* — *wolte er . . . miner frouwen richez lop verhouwen* E 3784. *hœte ich . . . al min lop verhouwen* E 4509; ähnl. 34394.

unversint

905 *er were ein unversinter*[1] *man* — [*unversinnet* Tr Fortsetzg. 45662.] (s. u. im II. Teil [2]). *künic unversunnen* Tr 12378. *unversunnen* Tr 2236. [Tr Fortsetzg. 41239.] 42494. 48244. *wol versinnet* Tr 27170. *wol versunnen* Tr 4599. 8092. 9590. 11009. P 18822. S 1783.

---

[1] d *unversunnen*.
[2] s. oben *besinnet*, das auch nur aus Tr Fortsetzung zu belegen ist, S. 36; *sich niht versinnete* Tr Fortsetzung 45721.

unverzagt

157 der unverzagte werde man
772. 797 ritter unverzeit, 849 ritter unverzaget, 1005 der ritter unverzeit ¹)

u. ö. versunnen Tr 4509. 4738. 13959. 18851. 29020. 37552. 37626.
ein unverzagter man Tr 29775.
unverzagter ritter oder ritter unverzaget O 105. Schw 1237. P 13636. 21432. Tr 9046 9966. 12307 u. ö.; unverzagt sonst noch sehr häufig: O 201. 329. S 4987. Pant 861. E 2754. 3724. Tr 9774. 9857. P 348. 2054 u. ö.

ûzerkorn

51 degen uzerkorn

degen ûzerkorn nur Tr Fortsetzung 40706. 40791. helt vil ûzerkorn Tr 6731. 14404. P 374. ûzerkorn sonst noch sehr häufig: S 1986. 2492. Tr 690. 951. 2808. TN 90. 149. P 945. 1542. 2100. 2608. Pant 675. A 1046. 1262. Schw 277. 1316. E 729 u. ö.

ûzerlesen

178 der helt an manheit uzerlesen

den helt an kreften ûzerlesen Tr 29522. ritter ûzerlesen W 140. Tr 8295. O 631; S 56. 349. Tr 319. 1426. 6553. P 4704. 6324. 11845. 12002. Pant 615. E 1330. 2268. 2948 u. ö.

veile

189 veil min leben trage und minen lip

ob man si . . . veile funde W 100; vergl. Kl 25,4; Tr 27.

vin

890 maget edel unde vin
978 die schœne vin, 1112 zarten maget vin

maget liter unde vin P 10756. si was gar edel unde vin A 204. frouwe vin E 1696 (vergl. Anm.); vin sonst noch Tr 822. 1507. 1674. 4850. P 782. 1148. 1834. 12367. 12461 u. ö.

---

¹) d unversagt, h hohgemeit; s. o. S. 47. unter hôchgemeit.

vín — edele s. o. S. 38 unter *edele — vin*
vín — schœne s. o. S. 66 unter *schœne — vín*

völgic

651 *daz du des wellest völgig sin* [*wil wesen gevolgic nach ir râte* Tr Fortsetzung 46807.]

weidenlich

549 *die schœne frouwe er vor im sach kluog und weidenliche* Jänicke S. 46 merkt an: P 6544 *durch sine weidelichen art.*

wert

82 *ir stolzen werden jungen man*
167 *der unverzagte werde man,* 488. 814 *der werde man,* 130 *so werden man,* 420 *den werden man,* 1015 *manig werder man*

der junge werde man P 13079; vergl. noch P 1920. 5387. 5963. 6778. 8874. 13134. 13643. 19073. A 144. *Tr* 2600. *werder(n) man* P 11236. 11883. 15450. 16067. 21050. M 61. 95. *Tr* 7649. 7886. 8309. 8802. *TN* 224. 472. S 2722. *GS* 1161. E 43 890. 912 u. ö.

763 *werder dienestman*
49. 150. 766 *werde(n) ritter her(e)*
176 *der werde ritter,* 347. 450 *ritter wert,* 476 *der edel ritter wert,* 575 *dem werden ritter,* 774 *der milte ritter wert,* 882 *vil werder ritter zart*

werdez ingesinde O 167.
werde(n) ritter O 243. E 2744. 2878. W 140. M 112. 162. 228. 284. P 4076. 9104. 13151. 15365. 17744. 18840. *Schw* 231. 1111. 1345. *Tr* 3555. 4148. 8982. 9134 u. ö.

791 *werde degen*

werde degen E 2631. *dirre werde junge degen* P 3742. *den werden gotes degen* A 676.

70 *Marien der werden süenerin*
783. 1175 *werde muoter*
301. 528 *werde(n) got von himel(rich)*
1137 *werden got*

werdiu muoter P 3191.
werde(n) got P 5051. E 6174. *Tr* 8155. *Pant* 39. 363. S 215. 581. A 65. 108. *GS* 425. *Schw* 679 u. ö.

876 *die werden und die frechen | fürsten*

die werden und die frechen fürsten O 298. *die (ir) werden und die (ir) frechen Tr* 11566.

	12038. *eins werden fürsten TN* 432. *fürste wert TN* 504. *vil werde fürsten Schw* 1316. *Tr* 30138. *P* 13410. 20393. *uns werden fürsten S* 2598. vergl. noch *Tr* 1627. 24427. 25586. 26343 u. ö.
871 *muomen werden*	*tohter wert E* 3712. *werden vater E* 521. *Schw* 696. *Pant* 676. *Tr* 3288. 5739. 25255 u. ö.
105. 463 *werde frouwe(n)* 140 *der werden frouwen here,* 219 *die werde frouwe guot,* 483 *die frouwe werde*	*werde(n) frouwen Kl* 5,1. 10,5. *P* 2893. 8498. 13478. 15556. *A* 1234. *GS* 213. *E* 3958. *Tr* 120. 1661. 1946. 4185. 13196 u. ö.
190 *werde wip*	*werde(n) wip P* 7241. 9292. 16095. *Schw* 603. 816. *Tr* 5072. 7276. 13482. 16362. 29518 u. ö.
321 *werde reine*	*die vil werden P* 1689. *die klären und die werden P* 7898. *diu werde Tr* 1544. 8845. *P* 2178. 12106 u. ö.
637 *werden gast*	*werde(n) gast(e) P* 1208. 2602. 15715. *Tr* 3006. 4555. 7361. 8120. 8485. 8949. 9013. 9036. *Schw* 838. *TN* 245 u. ö.
720 *werdez leben*	*werde(z) leben A* 169. *Tr* 4747. 26076. 37583. 37883. *E* 252. 763.

wert — edele s. o. S. 38 unter *edele — wert*
wert — guot s. o. S. 46 unter *guot — wert*
wert — hêr s. o. S. 46 unter *hêr — wert*
wert — junc s. o. S. 49 unter *junc — wert*

willekome

552 *ir sont got willekome sin*	*sit mir gote willekomen E* 419. 725. 4290; *S* 1384. *O* 718.

wilde

89 *in diser wilden welte wit*	*(in) dirre wilden welt(e) GS* 259. *E* 263. *W.* 252; vergl. noch *W* 243. *M* 98. 150. *Tr* 676. 920. 1003. *Pant* 1276. 1393. 1417.

138 *manges wilden heiden*

wis

673 *wisen man* — *wise(r) man* P 211. Tr 402. 18220. 21104. 21109 u. ö., *wise(r) liute Pant* 504. P 11336. Tr 13058 u. ö.

1009 *wisen ler* — *wise(n) lêre* P 4269. 19629. S 1730. O 483. Tr 2849; *wis* sonst noch S 2101. 3105. 5176. P 24. 62. 590. 7482. E 5864. 5925. A 17. Tr 346. 1583. L 11,39. GS 1615. Pant 211. 390. TN 222 u. ö.

wit

89 *in diser wilden welte wit* — *in dirre witen welde kreizen* L 2,39. *die witen welte* Tr 10580.
611 *witen welt*
438 *uf dirre grüenen heide wit* — *ûf der heide wit* P 19735. Tr 30425. 32482. *ûf der witen heide* Tr 33890.

599 *wite lant* — *witen lande* P 17000. *lande wit Schw* 1290; und sonst noch M 352. A 177. 839. P 13058. O 25 u. ö.

wiz

1038 *fuoz wizer denne ie helfen-* — *darinne sam ein helfenbein stuon-*
bein — *den kleine zene wiz* P 8672.
1119 *wizen hant* — *mit wizer hant* P 8034. 20272. Tr 5523. 5625. 14596. 18896. 22777. 28210. E 553. 3005 u. ö. E 3361. *von ir henden wiz A* 1088; vergl. noch *P* 7953. Pant 1199. 1604. GS 1748.

wunnebernde

217 *liehten wunnebernden* — *wunnebernden schin* TN
schin — 331. Tr 24867. *wunneberude* noch A 802. W 182. *wunnebæren schin* Tr 5331; *liehtebernden schin* Tr 27872. 32827. 34059. GS 928; *liehteberndc* noch Tr 5881. 19615. P 5597. 8561. 9310. GS 1476. *liehtebæren schin* Tr 3810.

wunneclich

233 *wunneclichez kleit* — *kleider wünneclich* P 8619. *wäppenkleider wunneclich* Schw 827. P 5064. 21149. *wunneclicher wæte* Kl 9,6.

238 *wunneclicher edelstein*

257 *wunneclichen schin* — *wunneclichen schin* TN 416. 998. E 98. 3021. P 12449. 13738. 14168. 14832. 16102. 16499. 17264. Schw 924. S 4200. Tr 1133. 2401. 3745 u. ö.

603. 669 *mit einer wunneclichen schar* — *mit einer wunneclichen schar* Tr 24905. P 12415.

1018 *wunnecliche schar* — *wunnecliche schar* Tr 1327. 7328. 25820. 25846.

1025 *wunneclichen sal* — *wunneclichen sal* Tr 27695. A 575. P 4797. *gadem w.* A 193.

1067 *wunnecliches wip* — *wunnecliche(n) wip* Tr 337. 2671. 3858. 4908. 11269. 14766. S 997 u. ö. [HB 3.] *magel w.* GS 913. P 6880. *wunneclich* mit andern Subst. sehr häufig.

wunnesam

606 *frouwe wunnesam* — *frouwe wunnesam* Tr 28264. P 479. 4890. 6723. 7213. 7804. 6728. 9482. 11790. 14111. Pant 1190. 1966. GS 316. 626. Tr 5354. 14375. O 69. E 3061. 5437. TN 667 u. ö.

wunt

278 *des wart sin herze an*[1] *freuden wunt* — *an fröuden wirt min (was ir) herze wunt* Tr 15616. 40256. *an fröuden gar ze töde wunt* P 9244. 20190. 20772. Tr 22607. *sô muoz min trûric herze wunt an fröuden iemer sin gesunt* Tr 16703. *an fröuden . . . siechen* Tr 37525. *cranc an vröuden* Tr 10475. E 2178. *des*

---

[1] *herze der verwunt h, in freuden* Schröder nach d; vergl. ans KvW noch: Tr 24530 *verwunt an fröuden*, ähnl. Tr 21702. P 16500.

wart vil manic herze wunt an
fröuden richem muote P 6280.
herze an fröuden mal Tr 11776.
12384. an fröuden tôt Tr 2585.
2815. 14877. E 1984. sin herze
tôt an fröuden was P 9120.
9604. er wart vil tiefer sorgen
wunt M 258. herze wunt P
18684. Tr 720. 4462. sins wunden
herzen M 66; P 7166. 9348.
18443. M 258. Kl. 14,1. A 296.

zart

86 ein schænefrouwe zart, ein zarter frouwen trût P
943 reine frouwen zart, 20722.
1156 closterfrouwe zart,
69. 229. 1081 zarte(n)
muoter sin, 783 sin werde
muoter zart, 1112 zarten
maget vin, 882 vil werder
ritter zart, 850 min frünt
so zart

241 zarte reine
diu zarte Persanis P 14182;
zart sonst noch GS 745. P
6641. 11269. 15020. 15981. E
896. 1165. 8900. 5530. 6230.
Tr 24052. 81152. 33208. 38530
u. ö.

zimlich

654 ez ist ouch zimlich unde reht   bei KvW nicht nachzuweisen [1]).

zornic

85 er nie so zornic wart   des wart er zornic O 79.

zühteclich

446 do sprach die frouwe sin alsô zühteclich unzuht P
zühteclich [2]). 1720.

---

[1]) Jänicke S. 47 zu V. 670.
[2]) lobelich d.

Das vorstehende Verzeichnis zeigt, dass es nur wenige Epitheta sind, die sich nicht entweder in Verbindung mit demselben Substantiv — oder doch mit ähnlichen, wie sie in unserm Gedichte stehen, — aus Konrad von Würzburg belegen lassen. Gar nicht selten sind für Verbindungen, in denen zwei Epitheta ein Substantiv umkleiden, fast wörtliche Parallelen aus den Werken Konrads beizubringen; öfters begegnen bei unserm Dichter aus KvW entlehnte Wendungen, in denen das Epitheton, fest mit seinem Begriff verschmolzen, stehend erscheint; wir finden auch sonst noch gewisse Lieblingswörter und -ausdrücke des Meisters, die der Schüler mit herübernahm, um sie, wo es nur irgend anging, für sein Gedicht zu verwenden. Ich stelle hier die frappantesten Stellen, die unser Dichter der intensiven Lektüre der Konradschen Werke verdankt, noch einmal zusammen, mit Ausschluss der rein formelhaften wie *billich unde reht* u. dgl.

ritter edel unde guot 58. *der edel und der stete* 62. *ungetoufter man* 128. *ritterlicher pris* 147. *siner künfte fro (gemeit)* 175. (810). *wunneclicher schin* 257. *wart sin herze an freuden wunt* 278. *fruht* 294. *frouwe hohgeborn* 315. *ritter lobelich* 370. 726. *biz an den jungestlichen tag* 587. *uf der geblüemten heide* 485. *mit lobelichem schalle* 517. *süeze minne* 560. *wunnecliche schar* 603. 709. 1018. *werde gast* 637. *ach herzeliebe frouwe min* 713. *freches muotes* 794. *ritterlicher just* 817. *reine frouwe* 836. 943. *erwelte künig* 846. *die werden und die frechen fürsten* 876. *von gebürte fri* 894. *reine wip* 952. *minget rich von hoher art* 962. *von art bescheiden* 1077 u. a. m.; s. u. S. 92 Anm. 1.

Dazu kommt noch die teilweise recht häufige Verwendung der schon bei Konrad ungemein oft begegnenden Epitheta *clâr, lobesam, milte, minneclich, wert, wunneclich, zart* u. a.

Gar nicht zu belegen aus den Werken K'svW sind nur verschwindend wenige Epitheta unserer Märe: *almuoterein* 222. *wol gemuht* 557. *minneclich gestalt* 861 [1]). *hohgewiht* 998. *muoterein* 286. *sunderfro* 291. *ungezeme* 895. *unnothaft* 594. *weideclich* 803. *zimlich* 654; *unversint* [2]) (905), *besinnet* (941), *völgig* (651) nur

---

[1]) d richtiger *wunneclich gestalt*, das bei KvW öfters; s. o. unter *minnecelich*.

[2]) *unversunnen* d = Tr 12378.

durch *Tr* Fortsetzung 45662. 46223. 46807 [1]). Ueber *hohgemeit* (1005) s. o. S. 47.

Von den oben verzeichneten Epitheta begegnen manche in dem kleinen Gedicht verhältnismässig sehr häufig: *wert* findet sich nicht weniger als 36mal, *schœne* 22, *guot* 14, *zart* 11, *milte* und *lobesam* 10mal. Man erkennt, das sind Lieblingsephiteta unseres Dichters, die vor andern bevorzugt sind. Lieblingsausdrücke kehren nun natürlich wohl fast bei jedem Dichter wieder, aber — hier liegt der Unterschied — ein guter Dichter hält Mass, Egenolf thut das nicht. *wert* hat Wolff[2]) in Konrads von Würzburg Werken 885mal gefunden, es ist das am häufigsten bei diesem begegnende Beiwort; Egenolf hat es 36mal. Das scheint zunächst nicht so auffallend. Nun beachte man aber, dass Konrads Werke nahezu 86000 Verse umfassen, unser Gedicht nur 1178. Bei KvW kommt danach auf rund 97 Verse einmal *wert*, bei Egenolf dagegen schon auf etwa 33; also dreimal häufiger erscheint es in unserm Gedicht. Wie sorglos Egenolf hier auch im einzelnen verfahren ist, geht daraus hervor, dass er wenig Mühe darauf verwendet hat, dem Prinzip der Abwechslung im Ausdruck Rechnung zu tragen: ganz kurz hintereinander erscheint *wert* V. 130. 140. 150, also in 21 aufeinanderfolgenden Zeilen 3mal; dann V. 763. 766. 774. 783. 791, also in 29 Zeilen 5mal, ferner V. 157. 176. 190; — *schœne* begegnet V. 544. 548. 551. 574. 586, also in 43 Zeilen 5mal, dann V. 209. 212. 215: in 7 Versen dreimal!, dann V 286 und 289, V. 978 und 985. — *milte:* V. 595. 597. 610, in 16 Versen 3mal; — *wunneclich:* V. 233. 238. 257, in 25 Versen 3mal, ferner V. 1018 und 1025. — *tugenthaft*, das 7mal und zwar nur in der Verbindung *der tugenthafte man* vorkommt: V. 523. 527. 540, in 18 Versen 3mal; — *reht* V. 133. 137, *edele* V. 58 und 62. — Ich stelle die Adjektiva, die als Lieblingsepitheta unsers Dichters gelten können, nach der Häufigkeit ihres Vorkommens geordnet, hier zusammen: *wert* findet sich 36mal; von den 22mal verwendeten *schœne* beziehen sich 19 auf *frouwe* oder *wip; guot* begegnet 14mal,

---

[1]) s. a. S. 84.
[2]) *HB* 103 Anm.

8mal davon auf *ritter* bezogen; *zart* erscheint 11mal, ausser V. 350 und 382 nur bei weiblichen Personen; *milte* 10mal)[1]; *lobesam* 10mal; *clâr*, bis auf *clare sunne* 216 nur als Epitheton von weiblichen Personen, im ganzen 9mal; *junc* 9mal; *minneclich* 8mal, davon 7mal bei *wîp* und *frouwe;* *wunneclich* 8mal, *tugenthaft* 7mal, *hêr* 7mal, 5mal davon bei *ritter*, *reht* 7mal, *edele* 7mal; *reine*, das besonders häufig in *S* und *GS* begegnet, hat unser Dichter 5mal, und zwar nur bei weiblichen Personen; *stolz*, das bei Konrad nur in *P* und *Tr* vorkommt[2]), bei Egenolf 5mal. — Dass *liep* sich so oft findet — 23mal, erklärt sich aus der häufigen Anwendung des Dialogs und der damit zusammenhängenden zahlreichen Anreden; — *rôt*, das 3mal vorkommt, ist im PvSt, wie bei KvW, stehendes Beiwort für *munt* und *wangen*, wie *wiz* für *fuoz* und *hant* (s. o. unter *rôt* und *rôsevar*).

---

[1] s. o. S. unter *milte.*
[2] Wolff zu HB 59.

II. Teil.

Reminiscenzen aus Konrad von Würzburg.

War der Zweck der ersten Teils der Arbeit, den Peter von Staufenberg als eine Stilkopie der Werke Konrads von Würzburg nachzuweisen, bis ins einzelne zu zeigen, wie der Dichter der kleinen Märe gewisse stilistische Eigentümlichkeiten, die die Schreibart Konrads charakterisieren, teils geflissentlich, teils unbewusst nachgebildet hat, wie er besonders in der Verwendung der Epitheta die Anlehnung an sein Vorbild verrät, so sei es nun die Aufgabe des zweiten Teils, ganz bestimmte Reminiscenzen Egenolfs aus den Werken KsvW aufzudecken, die uns einen sichern Anhalt dafür bieten können, dass der Nachahmer gerade dies oder jenes Werk seines Meisters gekannt und gelesen haben muss. Wie schon oben erwähnt, hat bereits Jänicke für eine Reihe von Versen des Gedichts Parallelen aus KvW nachgewiesen. E. Schröder hat dann in seiner neuen Ausgabe die Bekanntschaft unseres Dichters mit sieben Werken Konrads schon für unbedingt gesichert erklärt. Ich will im folgenden versuchen, indem ich die Konradschen Dichtungen Werk für Werk durchgehe, in möglichster Vollständigkeit die Verse und Stellen des Peter von Staufenberg zusammenzustellen, die teils wörtlich, teils wenig verändert in den Werken K's wiederzufinden sind, die Verse und Stellen also, die die Frucht einer nicht bloss oberflächlichen Lektüre des Modedichters der damaligen Zeit sind.

Wir werden sehen, das eine nicht geringe Anzahl von Versen des Peter von Staufenberg den Dichtungen K's wörtlich entnommen ist; dazu kommen noch die Entlehnungen, die zwar nicht bis aufs Wort bei Konrad nachzuweisen sind, je-

doch gar keinen Zweifel darüber lassen, dass sie ihre Stelle in
unserm Märchen nur der intimen Vertrautheit unseres Dichters
mit den Konradschen Werken verdanken. Nicht selten erstrecken
sich derartige Parallelen auf mehr als eine Zeile; wie unten
gezeigt werden wird, sind aus dem Partonopier, dessen
Lektüre besonders bei unserm Dichter nachwirkte, ganze
Situationen in unser Gedicht mit herübergenommen.
Neben diesen ganz sicheren Entlehnungen finden sich nun in
unserm Märchen noch Anklänge untergeordneter Art oder
geringeren Umfangs, aus deren Vorhandensein allein man noch auf
keine Abhängigkeit des jüngeren Dichters vom älteren schliessen
könnte, die aber im Verein mit jenen zweifellosen Parallelen
den Eindruck vervollständigen helfen, den man schliesslich
von Egenolfs Kenntnis der Dichtungen K's gewinnt. Diesen
leichteren Reminiscenzen, wenn ich sie so nennen
darf, habe ich, um das Bild, das die sicheren geben, nicht
zu verwischen, hinter diesen oder in den Anmerkungen ihren
Platz angewiesen. Dagegen sind formelhafte Wendungen mit
in die sicheren Reminiscenzen eingereiht, wenn sie bei beiden
Dichtern wörtlich übereinstimmen und zugleich einen ganzen
Vers füllen, wenn sie also eine Gewähr dafür bieten, dass sie
gerade in der Form, in der sie Konrad seinen Lesern bot,
vom Dichter unsres Märchens acceptiert worden sind.

Im folgenden weise ich nun zunächst für die Werke K's,
die Schröder bereits als unserm Dichter bekannt bezeichnet
hat, die Reminiscenzen nach; es sind dies Weltlohn, Herzmäre,
Otto, Schwanritter, Engelhard, Partonopier, Trojanerkrieg;
dann wende ich mich zu den Werken, die Schröder in dieser
Beziehung noch für zweifelhaft hält oder unerwähnt gelassen hat.

Der Werlte lôn.

Der Werlte lôn.   *Peter von Staufenberg.*

In den Einleitungen beider Werke lesen wir:

2 *vernemet ...*
   wie einem ritter ge-
   lanc
   der nach der werlde
   lône ranc
   beidiu spâte unde vruo.

33 *fürwar sag ich üch un-*
   gelogen
   von einem ritter wol
   gezogen
   wie ez dem ze jüngst
   gelanc,
   der alle zit nach eren
   rang.

Von den Hauptpersonen der beiden Gedichte heisst es:

16 *er hete sich vor schan-*
   den
   alliu sîniu jâr behuot

1160 *wan er sich vor schan-*
   den
   behüetet hete al sine
   jar.

26 *birsen beizen unde*
   jagen[1])
   kunde er wol und treip
   sin vil;
   schachzabel unde
   seitenspil
   daz was sin kurzewîle

166 *birsen beizen unde*
   jagen
   daz kunde wol der ritter
   guot

161 *bretspiles kunde er*
   ouch vil
   und mangerleie sciten-
   spil

67 *man nie schœner wîp*
   gesach.

212 *got ... kein schœner*
   wip nie werden lie

---

¹) auch = P 1903.

68 *ir schœne volleclichen
brach
für alle frouwen die nû
sint.*

....
216 *reht als der claren sunne
brehen*
....
221 *ir schœne über alle
schein.*

Bei der ersten Begrüssung des Ritters durch die *frouwe*, die in beiden Gedichten überschwänglich ausfällt, sind die ersten Worte:

117 *vil lieber frünt, got
lône dir*

160 *er sprach: genâde,
frouwe mîn*

176 *jâ wol mich daz ich
disen tac
gelebet hân, des vreuw
ich mich*

300 *Min lieber frünt, nu
danke dir
der werde got.*
Noch ähnlicher ist
553 *min frünt, got lone
dir* [1]).
444 u. 494 *er sprach: genade, frouwe
min* [2]).
368 *Wol mir, daz ich disen tag
gelebte ie, des fröuwe
ich mich* [3]).

Anklänge leichterer Art sind: *W* 36 *er was den frouwen
also holt:* Peter von Staufenberg 81 *der* . . *diente gerne frouwen
— W* 128 *gesprochen und gesungen von mir, swaz er guotes kan:*
PvSt 944 *swaz guotes ie uf erden wart gesprochen oder gesungen
— W* 168 *sol mîn herze und mîn lip iu ze dienste sin bereit mit
willeclicher arbeit unz ûf mînes tôdes zil:* PvSt 373 *solte ich nach
dem willen min . . . bi üch sin iemer unz an minen tot —* Vergl.
noch bei der Beschreibung der Kleider *W* 99 *si* . . *nieman vergelten kunde:* PvSt 262 *der minsten möhte nüt ein lant vergolten*

---

[1]) *got (der) lone dir* auch E 500,1. 5763; ähnl. P 9966. 12937.
[2]) Dass hier keine zufällige Uebereinstimmung vorliegt, zeigt die noch viermalige Wiederholung dieser Höflichkeitsphrase: 315. 374. 580 *genade, frouwe;* 321 *genade, werde* . . .; auch V. 580 *genade, frouwe, sprach er sir ist wörtlich* = *P* 2775; ähnl. E 2944.
[3]) *daz ich gelebte ie disen tac Tr* 33978; — der drittfolgende Vers dieser Rede 372 *mir kunde liebers nüt geschehen* = *P* 1954.

han u. 265 *kein keiser . . . der sü vergolten möhte han mit allem sinem riche*[1]).

Man bedenke in Anbetracht dieser zahlreichen Reminiscenzen, dass der Weltlohn nur 266 Verse lang ist.

Daz Mære von der Minne.

Das Mære von der Minne.   *Peter von Staufenberg.*

In beiden finden wir die Fahrt des Ritters nach Jerusalem erwähnt:

109 *zuo dem frônen gotes grabe*	346 *dort bi dem fronen gotes grabe.*
326 *der reine und der vil sileze got, der kein edel herze nie mit der helfe sîn verlie*	8 *von himel got der guote, der getrüwez herze nie mit der hilfe sin verlie* und noch einmal 410 *got . . . . wan er getrüwez herze nie mit der hilfe sin verlie.*

Auch das Ueberreichen eines Ringes bei der Trennung der Liebenden findet sich in beiden Gedichten: *M* 181 *enphâch von mir diz vingerlin :* Peter von Staufenberg 454 *und so nim, trut, diz vingerlin;* vergl. noch beim Tode des Ritters in beiden: *der ritter nam sîn ende, darumbe sîne hende der kneht vil jæmerliche want M* 335: *Alsus nam er sin ende, drumb manger sine hende von schrecken clegelichen want* PvSt 1151. Ganz ähnlich sind auch die Worte des Epilogs *M* 533 *Hie hât diz mære ein ende:* PvSt 1165 *Hiemit die rede ein ende hat.*

Otte mit dem barte.

Otte.   *Peter von Staufenberg.*

33 *grâven vrien dienestman*	605 ⎱ *graven frien dienestman* [2]) 1107 ⎰

[1]) ähnl. *Tr* 9220. 20059.
[2]) Vgl. noch 761 *fürsten graven frien . . . . ouch manig werder dienestman.* — *grâven frien herzogen* W 203. *fürsten grâven dienestman* E 5085. *künge fürsten grâven kint* P 8182; ähnl. *Schw* 76. *TN* 126. P 2510. 21745.

Der gleiche Reim und wörtlich dasselbe Enjambement:

sprechen: sprechen:

298 f. *die werden und die*   876 f. *die werden und die*
vrechen | fürsten   *frechen | fürsten*

Wie bei *M* fällt die Aehnlichkeit des Schlusses auf: O 764 *hie hât diz mære ein ende*: Peter von Staufenberg 1165 *Hiemit die rede ein ende hat*; vergl. noch O 219 *ir von art bescheiden sit*: PvSt 1077 *sü von art bescheiden was* und O 654 *daz nam er ûf die trüwe sin*: PvSt 697 *daz nim ich uf die trüwe min* (ähnlich Tr 2766).

Schwanritter.

Schwanritter.	*Peter von Staufenberg.*
120 *von pâlmatsîden rôsenvar*	232 *von palmatsiden roscvar* [1].
276 *vonfleische noch von beine* [2])	213 *vonfleischenoch von beine*
944 *ûf der geblüemten heide (:beide)* [3])	485 *uf der geblüemten heide (:beide)*.
472 *mit libe und ouch mit guote*	617 *mit libe und ouch mit guote* [4])

Zu vergleichen ist noch *Schw* 212 *des wart der helt mit starken ēren schône empfangen, wan Karle quam gegangen im entgegen* und Peter von Staufenberg 807 *Der küng den ritter wol enpfie, mit zuht er im engegen gie*; ferner *Schw* 902 *sin ros vor wandel was behuot*: PvSt 57 *wan sü vor wandel sint behuot* [5]); *Schw* 1305 *Waz touc hie langer rede mêr? der ritter edel unde hêr* . . .: PvSt 1157 *Waz sol ich sagen mere? der edel ritter here* . .; der im Epilog der Konradischen Dichtungen übliche Rat an die Leser [6]) ist im *Schw* an Alt und Jung, = im PvSt, nur an die Jungen gerichtet: *Schw*. 1346 *ich wil hie biten unde manen alt unde junc besunder*: PvSt 1166 *ir jungen lüte, ich gib üch rat* [7]).

---

[1] *wunebar h*; vgl. Jänicke S. 44 und Schröder a. a. O. p. XXXVII u. L; *P* 13543 ff. *wären siniu wâpenkleit . . . ûs palmâtsiden reine*.
[2] bei KvW noch öfters, s. o. S. 13.
[3] Die übrigen Belege aus KvW s. o. S. 42.
[4] auch = *P* 6503; s. o. S. 12.
[5] Dieser Ausdruck allerdings auch sonst geläufig; s. Jänicke S. 42.
[6] s. u. S. 63.
[7] 32 *ir stolzen werden jungen man*, 38 *das si üch jungen vor geseit*.

Engelhard.

Engelhard.	Peter von Staufenberg.
135 *beide frouwen unde man*[1])	993. 1027. 1084. 1173 *bede frouwen unde man*
750 *lesen unde schriben sach man si beide schône* . . . . *schâchzabel unde seitenspil kundens ûzer mâzen wol*[2])	161 *bretspiles kunde er ouch vil und manger leie seitenspil* . . . . *er kunde ouch schriben unde lesen.*
2829 *Nû was der ritter mære ein rehter lantvarære*	607 *die sprachent daz er were ein rehter lantvarere.*
3261 *mit armen umbeslozzen*[3])	569 *mit armen umbeslozzen.*
5763 *got lône dir*[4])	553 *got lone dir.*
5813 *in herzen und in muote*[5])	7 u. 401 *in herzen und in muote.*
6058 *ich lieze ê mich zersnîden* . . . . . . *ê daz ich* . . .	687 *solt man darumbe minen lip ze riemen gar zersniden*

Als Reminiscenzen leichter Art führe ich an: *E* 1618 *sus kam er wider heim gevarn schône und rûiche:* PvSt 789 *man in sach so rîlich varn* — *E* 224 *dem wonte zuht und êre bî, milte und ganziu stæte:* PvSt 23 *und wil sich lan beziehen zuht triuwe milte und ere* — *E* 263 *in dirre wilden werlde:* PvSt 89 *in diser wilden welte wit* — *E* 2269 *als ein friunt dem friunde tuot:* PvSt 339 *als ein frünt des andern sol* — *E* 2672 *als ez ir êren wol gezam*[6]): PvSt 642 *die dinen eren mag gezemen* — *E* 3128 *die*

---

[1]) s. u. S. 80 zu *Tr* 1161.
[2]) Vgl. noch 1846 *lesen unde schriben . . . kan er ûzer mâzen wol.*
[3]) auch = *Tr* 9157; *mit armen er ez umbeslôz Tr* 20788.
[4]) auch = *W* 117; *got . . . der lône dir* noch *E* 500.1.
[5]) noch sehr oft in andern Werken Konrads; s. o. S. 12.
[6]) ähnl. *E* 1034. *S* 467. *Tr* 15333. 18340.

*bluomen und die rôsen rôt . . . lachelen ein ander an daz Engelhart
und Engeltrût muosten beide ie lachen ein daz ander an:* PvSt 485
*uf der geblüemten heide. do lachetent sü beide einander tougenlichen
an.* — E 3782 *wolle er . . . miner frouwen richez lop ver-
houwen*¹)*:* PvSt 56 *mange schœne frouwe . . . . der lob ist
unverhouwen.* — E 4786 *sêle lip êr unde guot:* PvSt 532
lip sele guot und ere.

Partonopier.

Beide Dichter (vergl. Schröder S. IL) wenden sich in der
Einleitung — unser Dichter auch am Schluss noch einmal —
an den *bescheiden jungelinc:*

Partonopier.	Peter von Staufenberg.
1 *Ez ist ein gar vil nülze dinc* *daz ein bescheiden jungelinc* *getihte gerne hœre* 27 *daz man singet oder seit* *von aller der beschei-denheit* . . . . 68 *wol tihten mit beschei-denheit*	1 *Swer het bescheiden-heit so vil* *daz er aventûre wil* *gerne merken und verstan* *und im lat in sin herze gan* *zuht trüwe und beschei-denheit* . . . . 14 *wa sint nu frouwen oder man* *die sich bescheiden-heite* *flizent . . . . . .* 26 *swer sich in siner ju-gent* *versumet daz er niht en-lert* *ach got, wie schämelich verzert* *der mensche sine kint-heit*

---

¹) 4500 *sô hate ich . . . . . al min lop verhouwen.*

> 32 *ir stolzen werden jungen
> man*
> 38 *daz si üch jungen vor
> geseit*
> 1166 *ir jungen lütè, ich
> gib üch rat.*

Beide Dichter schliessen fast mit derselben Wendung den Prolog ab, um zu ihrer Märe selbst überzugehen:

232 *hie sol diu rede vâ-*   46 *alsus die rede vahet*
    hen an   *an.*

Am meisten klingen die Reden der Fee an die der Meliur an, weniger dem Wortlaut nach, als aus dem Sinn und der Situation heraus. Ich hebe die Hauptstellen hervor.

Partonopier und Peter von Staufenberg haben beide nicht geahnt, dass die Feen vor ihrem Zusammentreffen mit ihnen sie längst gekannt und behütet haben:

1764 *ûf dich miner sælden hort*   336 *bede an strazen und an*
     was geleit vor maneger zît.   *stegen*
     an dir mit langer stæte lît   *in stürmen und in striten*
     mîn leben und mîns her-   *huot ich din zallen zilen*
     zen muot
                                     . . . .
und   361 *ich huote in allen landen*
1924 *ich hân mit reiner stæte-*   *din vil wol vor schanden*
     keit
     geminnet dich vil lange her.   . . . .
                                     daz ich din ie mit trûwen
                                     pflag
                                vergl. auch noch V. 331—35,
                                340—60.

Wörtlich aus der Antwort des Ritters auf diese erste längere Rede der Fee ist der folgende Vers:

1954 *mir kunde lieber niht*   372 *mir kunde liebers*
     geschehen   *nüt geschehen*[1]).

---

[1]) Die ersten beiden Verse dieser kurzen Antwort 368,9 *Wol mich daz ich disen tay gelebte ie, des fröuwe ich mich waren* = W 176; s. oben S. 71.

Ferner vergl. in der zweiten Rede der Fee:

1972 *du muost mich haben tougen helt, ob du mich triuten wilt*

. . . .

1980 *du hâst mich . . . . die nalit an disem bette hie, dâ du mit mir trîbest ie swes din herze welle gern.*

1996 *allez, des dîn herze gert daz vindestu nâch wunsche allhie ze nahtkum ich geslichen ie lis unde tougen her ze dir, sô daz ich alle dîne gir leist ûf ein ende bî der frist.*

. . . .

2006 *wilt aber du mîn nemen war*

. . . .

2014 *solt du wizzen, daz du tôt muost benamen dar umbe ligen*

380 *swenn du denn wilt, so hast du mich*
383 *und wiltu triuten minen lip*

. . . .

392 *darzuo hastu iemer me guotes swes din herz begert des bistu, friunt, von mir gewert.*

470 *so rit, guot ritter, wider hein und ganc denne almuoterein in die kemenate din: werlich da wil ich bi dir sin swen du wünschest da nach mir, so bin ich endelich bi dir und leiste swes din herze gert*[1]).

395 *aber nimst ein elich wip so stirbet din vil stolzer lip fürwar ich dir daz sage*

. . . .

Kämpfe mit der *heidenschaft (ungetouften liuten);* wie sie Partonopier bestanden hat, hat auch Egenolf seinem Helden nicht erlassen zu dürfen geglaubt, wenn er ihrer auch mit weniger Worten gedenkt: vergl. V. 123 ff.

---

1) Vgl. noch 442 *wir sont ez hein ze huse sparn, da wil ich tuon den willen din.*

Im folgenden erinnert dann die Rede der Mutter Partonopiers, die Warnung der Meliur (dem Rate der Mutter zu folgen und von ihr abzulassen), ferner die Vermittlung des Bischofs bei der Erkennung der Fee an das Zureden der Brüder unseres Helden und an das Eingreifen des Bischofs und des alten Kapellans im PvSt. Nicht nur rein äusserlich sind sich die Situationen gleich: *P* 6637 *dö fuorte si besunder den helt* ... u. 7490 *dö wart besunder hin genomen der fürste von ir in ein gaden* = Peter von Staufenberg 636 *in eine kemenate fuorten sie den werden gast*[1]) u. 671 *doch über unlange gar nament sit in aber har*, auch sonst finden sich offenbare Parallelen. Wie im Partonopier überhäuft die Fee ihren Schützling mit Schätzen und Reichtümern, von denen dieser wieder seinen Freunden und Untergebenen reichlich mitteilt (vergl. *P* 2875 ff. [2]) 6694 u. 7508 mit Peter von Staufenberg 591 ff.). Wie Meliur von der Mutter Partonopiers wird die Fee unseres Gedichts von dem alten Kapellan dem Ritter als ein *tiufel* hingestellt, den er vor allen andern Frauen *minne: P* 6836 *er minnet in (sc. den tiufel) mi lange zit für alliu wip besunder* = PvSt 943 *daz ir den tüvel minnet für alle reine frouwen zart*, 953 *der tüvel in der helle ist üwer slafgeselle*.

Auch der Ersatz, der den Rittern für ihre Fee geboten wird, ist im P wie im PvSt der gleiche: eine königliche Nichte (*muome* Peter von Staufenberg, *niftelin P* 6862. 9552.). Wie Partonopier gehorcht dann auch der Held dem Rate der Verwandten und der *pfafheit*, übertritt das Gebot der Fee und bereut es nachher.

Abgesehen nun von den Entlehnungen im Prolog, in den Reden der Fee und mancher Situationen finden sich auch sonst noch zahlreiche Reminiscenzen aus dem Partonopier.

Partonopier.	*Peter von Staufenberg.*
1096 *der edel und der stæte*[3])	62 *der edel und der stete.*

---

[1]) *in eine kemenâte brâhte si den hêren P* 12374.
[2]) *P* 2880 *swie vil du guotes mahte verzern*: PvSt 740 *nemt du guotes da verzerst*; vgl. noch 921.
[3]) auch = *Tr* 4160.

1665 *daz ich lip herz unde
 leben
 für eigen iu well
 iemer geben* ¹)
1993 *birsen beizen unde
 jagen* ²)
2532 *in herzen und in
 muote* ³)
2775 *genâde, frouwe,
 sprach er zir* ⁴)
4292 *er ist der schœnste junge-
 linc,
 der ie dehein ors
 überschreit* ⁵).
4554 *fürwâr ich iu daz
 sagen sol* ⁶)
6503 *mit libe und ouch
 mit guote* ⁷)
8524 *und was iedoch hier under
 sô lieht und alsô reine:
 von fleische noch von
 beine
 wart nie sô luter bilde
 mê.*

417 *daz ich bede lip und
 leben
 für eigen üch wil
 iemer geben*
166 *birsen beizen unde
 jagen.*
7 u. 401 *in herzen und
 in muote.*
530 *genade, frouwe,
 sprach er zir.*
1163 *.. der tiirste ritter .. ,
 der ie pfert über-
 schriten hat.*
160 *fürwar ich üch daz
 sagen sol*
617 *mit libe und ouch
 mit guote.*
211 *got in diser welte hie
 kein schœner wip nie wer-
 den lie
 von fleische noch von
 beine
 also die zarte reine,
 nie schœner bilde wart
 gesehen.*

---

¹) *das ich ... herz lip sin unde leben für eigen iu well
iemer geben* Tr 4453.
²) auch = W 26.
³) ferner 4699. 10192. 10247. 10565. 11659. 12081. 12097 u. ö., auch
in andern Werken Konrads.
⁴) Vgl. W 160 *er sprach: genâde, frouwe min* = PvSt 444 u.
494; s. o. S. 71; ähnlich entsprechen sich Tr 7412 *genâde, herre min, sprach
er*: PvSt 852 *genade, herre, also sprach er*, 889 *er sprach: genade, herre min.*
⁵) ähnlich 2251 u. 11817.
⁶) öfters *fürwâr ich iu daz sagen wil*: 3980. 11078. 14532. 17104.
21232. 21585.
⁷) auch = Schw 472; s. o. S. 73.

11192 die megederich von hôher art¹)	962 die maget rich von hoher art
12415 mit einer wünneclichen schar	603 u. 769 mit einer wunneclichen schar²)
13748 der rede wart geswigen dâ	699 der rede wart geswigen do.
14304 ach herzeliebiu frouwe min³)	713 ach herzeliebe frouwe min.
16252 daz man in für den besten hân müeste.	156 man müeste in für den besten han

Leichterer Art sind folgende Anklänge: P 2826 *ich setze iu leben unde lip ze gisel:* PvSt 405 *ich wil dir got ze bürgen geben und darzuo lip unde leben* (vergl. auch *HB* 432). — P 3126 *got selber der muoz iuch bewarn:* PvSt 480. 802 *von himel got muez dich (in) bewarn.* — P 8350 *sin jugent als ein mandelboum in êrenbluote:* PvSt 148 *blüejet als das mandelris an tugent und an ere.* — P 6174 *das grüene gras mit bluote rôt wart geverwet:* PvSt 126 *daz gras macht er von bluote rot.* — P 12282 *ze phingesten ûf deme tage:* PvSt 180 *an einem pfingestage fruo.* — P 13335 *Franken Beier Swâbe:* PvSt 114 *Swaben Beiern ... und ouch in Frankenriche,* 354 *Swaben Beiern ... und Frankenrich.* — P 14809 *er hœte nâch sin reinez leben jâmerlichen dâ verzert:* PvSt 28 *wie schämelich verzert der mensche sine kintheit* (vergl. auch *Tr* 7621). — 15989 *er nam sîn vil gnote war:* PvSt 604 *sin nam vil gnote eben war* (ähnl. *Tr* 29546).

Trojanerkrieg.

600 er kunde schande fliehen (:ziehen)⁴)	21 er kan schande fliehen (:beziehen)
1161 u. ö. beidiu frouwen unde man	993. 1027. 1084. 1173 bede frouwen unde man.
4160 der edele und der stæte⁵)	62 der edel und der stete.

---

¹) *maget rich von hôher art* nuch *A* 160.
²) *vil manig wunneclîche schar* 1018; *wunnecliche schar* öfters bei Konrad; s. o. unter „wunneclich".
³) auch = *Tr* 8124.
⁴) ähnl. *Tr* 23067. Schw 496.
⁵) auch = P 1096; s. S. 78.

4452 *daz ich .....*
herz lip sin unde le-
ben
für eigen iu well
iemer geben ¹).
4761 *daz si diu schœnste*
wære
die muoter ie gebære
7306 *si sprâchen alge-*
meine ²)
8124 *ach herzeliebiu*
vrouwe min ³)
9157 *mit armen umbe-*
slozzen ⁴)
10281 *mit lobelichem*
schalle ⁵)
11566 *die werden und die*
frechen

12328 *biz an den jungest-*
lichen tac ⁷)
12960 *der künic eine tohter liez*
so glanz und also reine
daz von vleisch noch
von beine
nie schœner bilde
wart bekant ⁸)

417 *daz ich bede lip unde*
leben
für eigen üch wil
iemer geben.
144 *daz er der tiurste were*
den muoter ie gebere.
936 *sü sprachent alge-*
meine.
713 *ach herzeliebe*
frouwe min.
569 *mit armen umbe-*
slozzen.
517 *mit lobelichem*
schalle.
876 *die werden und die*
frechen
fürsten ⁶).
387 *biz an den jungest*
lichen tag.
211 *got in diser welte hie*
kein schœner wip nie wer-
den lie
von fleische noch
von beine
also die zarte reine
nie schœner bilde
wart gesehen.

---

¹) *daz ich herz lip unde leben für eigen iu well iemer geben* P 1665.
²) *(so) sprâchens algemeine* E 2575. P 17301. Kl 221.
³) auch = P 14304.
⁴) auch = E 3281.
⁵) auch = Pant 1485.
⁶) = O 208; *ir werden und ir vrechen — ritter* Tr 12038.
⁷) auch Tr 19388. 23308. 23738. 25362; vgl. noch uns *an den jungest-*
lichen tac Tr 17678 (ähnl. 20137. 30251); PvSt 577 *biz an den jüngsten tag.*
⁸) Vgl. die ähnl. Stelle P 8524 S. 79; zu PvSt 212 vgl. Tr 32105 *schaner wip wart nie geborn.*

6

15616 *an vröuden wirt min herze wunt*¹)	278 *des wart sin herze an*²) *freuden wunt*
15954 *in herzen und in muote*³)	7 u. 401 *in herzen und in muote.*
18016 *des wart er vröuden riche*	550 *des wart er fröidenriche.*
24905 *mit einer wunneclichen schar*⁴)	603 u. 769 *mit einer wunneclichen schar.*
26043 *uf der geblüemten heide*⁵)	485 *uf der geblüemten heide.*
26242 *dâ gleiz vil manic rôt rubin und manic lieht karvunkel diu naht wart nie sô tunkel man hete wol dâbî gesehen*⁶)	253 *darin lag ein karfunkel. die naht wart nie so dunkel man.gesehe wol davan.*
30123 *des libes und des guotes. er schein sô freches muotes*	793 *des libes und des guotes*⁷). *er ist so freches muotes.*
36332 *dâ wart gemachet lære vil manic satel wunnevar*⁸)	93 *der selbe degen here macht mangen satel lere.*

---

¹) *an vröuden was ir herze wunt* 40256. Ein bei KvW sehr beliebter, allerdings auch bei den Minnesingern begegnender Ausdruck.
²) Über die Lesart s. o. unter *wunt*.
³) Vgl. S. 79 zu P 2532, ferner Tr 17853. 29599. 33996. 37913.
⁴) Vgl. o. S. 80 unter P 12415.
⁵) auch 30105. 31536. 31735. 34061. 35173. 40424 (letzter Vers des Tr); *zuo der g. h.* 33587. 39622. *uf die gebluemten heide* 34107.
⁶) Aehnl. Wendungen oft in der mhd. Poesle; vgl. Jänicke S. 45 zu V. 252. ferner 7513 *ein schapel ... daz lûhte z' allen zîten sô glanz von margarîten daz man ze naht gesach derbî,* ähnl. 9020 ff.
⁷) *so d] — libes unde guotes h* (Schröder); s. o. S. 12. *des libes und des guotes (:muotes)* noch Tr 6503.
⁸) *dô wart eht aber lære vil manic satel steht* 39800.

38444 *sol ich alsus ver-
derben (:sterben)*[1])   630 *sol er alsus verder-
ben (:sterben).*

Vergl. noch *Tr* 5418 *wart siner kunft gemeit*[2]) (ähnl. noch 4683. 23033): PvSt 810 *siner kunft was er gemeit — Tr* 7552 *ir schæne brach vür alliu wip:* PvSt 221 *ir schæne über alle schein — Tr* 8381 *swaz ir wellent daz tuon ich* = PvSt 684 in der Lesart von d *(swaz ir gebietent daz tuon ich h)*; s. o. S. 18. — *Tr* 10847—60: PvSt 244 wer *ein mensche tot gewesen, die steine machtent in genesen — Tr* 15970 *dâvon sin herze wart enzunt* (ähnl. 20342. S 1172): PvSt 304 *des ritters herze wart enzunt — Tr* 18114 *und wurden des ze râte* (und ähnl. 24402. 25192. *Tr* Fortsetzung 46179. 46761): PvSt 635 *des wurdent sü ze rate — Tr* 26076 *daz er verlôs sin werdez leben*, 37583 *sin werdez leben dâ verlüre*, 37883 *sin werdez leben het verlorn:* PvSt 720 *so hastu, lip, din werdez leben gar geswinde dann verlorn. — Tr* 30875 *der sich in êren schouwen liez*, 39916 *er lie in êren sich dâ sehen:* PvSt 54 *da mange schæne frouwe sich lat in eren schouwen. — Tr* 33978 *das ich gelebte ie disen tac:* PvSt 369 *daz ich disen tac gelebte ie* (ganz ähnl. *W* 176). — *Tr* 34394 *sô wolte er iuch verhouwen er unde lop ân endes zil*[3]): PvSt 56 *der lob ist unverhouwen — Tr* 39333 *er ... ûf den sant ros unde man ze hüfen stiez:* PvSt 109 *stiez er ros unde man mit einander dort hindan; ros unde man Tr* 30106. 30994. 32476. *man unde ros Tr* 23617. 31261. 32712. *ros und liute Tr* 31513. 32003. 32027. u. ö., also lauter Belege aus *Tr.*

[Die nicht von Konrad von Würzburg herrührende **Fortsetzung des Trojanerkrieges** habe ich bisher so gut wie unberücksichtigt gelassen. Hier ziehe ich sie kurz in den Bereich meiner Untersuchung, weil sich durch einige Parallelen des PvSt wahrscheinlich machen lässt, dass auch sie zu der Lektüre unseres Dichters gehört und bei ihm nachgewirkt hat. Ich beschränke mich dabei natürlich auf diejenigen Stellen des PvSt, die sich lediglich aus der Fortsetzung *des Trojanerkriegs,* nicht aber auch aus den echten Konradischen Werken belegen lassen.

---

[1] ähnl., auch mit demselben Reim, *Tr* 8311.
[2] in andern Werken Konrads *gemeit* in dieser Verbindung nicht zu belegen!
[3] ähnl. *E* 3784 u. 4509.

Fortsetzung des Tr.	Peter von Staufenberg.
40553 *mit grôzem jâmer daz geschach*	1094 *mit grozem jamer daz beschach*[1])
46439 *wenne betaget uns der tac*[2]) *daz* ...	850 *üch hat ein selger tag betaget daz* ...

Auffallend ist dann der häufige temporale Gebrauch von *zil:* an (oder in) *dem selben zil* 41049. 42280. 42703. 43342. 43398. 43570. 44045. 44722. 44982. 45077. 45387. 47886. 47618. 48456. 48915. *an dem zil* 40438. 44783. 44829. *zil* sonst noch temporal gebraucht 44226. 44965. 45463. 45594. 46551. 48627[3]): Egenolf hat es in seinem kurzen Gedicht dreimal temporal verwendet: 966 *zem selben zil*, 640 *nu ist ez doch wol uf dem zil*, 971 *ein zil wart daran gemaht*. Es kommt hinzu, dass es an sämtlichen 24 Stellen der Fortsetzung und in PvSt 966 und 640 im Reim mit *vil* steht. — 43885. 44578. 46748. 48718. 49484 *ân allen wân* erinnert an PvSt 12 *an allen wan*[4]). *âne wân* oder *âne valschen wân* auch bei KvW (*P* 12947). — 49011 *manic ros unde pfert:* PvSt 181 *mir daz pfert und dir daz ros*, 195 *ros und ouch pfert.* — PvSt 51 *degen uzerkorn*, wofür aus KvW kein Beleg zu finden ist, =Fortsetzung 40706. 40791. — Auch die Epitheta *unversint* (905), *besinnet* (941) und *rôlgig* (651) lassen sich nicht aus KvW, wohl aber aus der Fortsetzung 45662. 46222. 46807 belegen; s. o. unter Epitheton. — PvSt 178 *helt an manheit uzerlesen*, wofür KvW keine Parallele bietet, klingt an *Tr* Fortsetzung 40456. 42397. 42794. 42945. 43216. 43407. 43558. 44201. 44808. 45010 an, wo überall *ûzerlesen* oder ein ähnliches Epitheton mit *an manheit* verbunden begegnet. — Vergl. noch PvSt 1086 *beide wip man unde kint: Tr* Fortsetzung 48204 *beide man kint unde wip (Tr* Fortsetzung 46117 *man wip oder kint); beidiu* bei 3 Substantiven überhaupt häufig in der Fortsetzung: 45287. 46045. 46196—97. 48235. 48250. 49064. — 46681 *in minen jungen tagen:* PvSt 165 *in sin jungen tagen* —

---

[1]) *beschach* findet sich auch in der Fortsetzung des *Tr* 49258. 49383. Derartige Einschiebsel *das (diz) geschach* finden sich in der Fortsetzung noch auffallend häufig: 46900. 47318. 47581. 47644. 48391. 49367. 40383; ebenso *grôz* als Attribut von *jâmer*: 40744. 40990. 41127. 41430. 43294. 44118. 45566. 45671. 47174. 48832. 48982.
[2]) s. S. 86 zu A 324.
[3]) Bei KvW erscheint *zil* als temporale Umschreibung *W* 171 *unz ûf mines tôdes zil*, öfters *ân endes zil* vgl. Joseph S. 36.
[4]) *ân argen wân d* = *S* 4508.

40786 *dô vuocte ez sich von geschiht daz*:[1] . . : PvSt 754
In disen ziten fuogte ez sich von geschihte sunderlich. —
41412 *und lie sich nider ûf ir knie (:gie)* = PvSt 525 *(:begie)*.
Betrachtet man diese im einzelnen vielleicht nicht so
überzeugend erscheinenden Argumente in ihrer Gesamtheit, dann
lässt sich die Vermutung schwer zurückdrängen, dass Egenolf
die Fortsetzung des *Tr* nicht nur gekannt und gelesen hat,
sondern dass ihm auch bei der Abfassung seiner Märe gewisse
Stellen aus jener noch frisch im Gedächtnis hafteten und in
seinen Text mit übergingen. Ist diese Annahme richtig, dann
gewinnen wir einen **Beitrag zur Datierung dieser
Fortsetzung**: Konrad von Würzburg ist über der Abfassung seines Trojanerkrieges 1287 gestorben. Es widerstreitet nicht der Wahrscheinlichkeit, dass bald nach seinem
Tode einer, dem Konrad und sein umfangreichstes, ihm am
gewaltigsten erscheinendes Werk imponierte und der die
Unvollständigkeit desselben schmerzlich empfand, sei es aus
eignem Antriebe oder auch auf Drängen von Freunden sich
daran wagte, es zum Abschluss zu bringen. Ja, da alle vollständigen Hss. des Trojanerkriegs *(A a b c d e)* auch die Fortsetzung bieten und sich überdies in zwei Klassen scheiden, auf
die Bartsch (Anmerkungen zu Konrads Trojanerkrieg S. XIX)
auch die alten Fragmente *(BCD* und *E)* verteilt, ist es, so
meint Prof. Schröder, auch ohnedies wahrscheinlich, dass das
Werk nicht anders als mit dieser Fortsetzung an die Oeffentlichkeit trat. Und dann dürfte der Anreger des grossen Unternehmens, der Basler Domsänger Dietrich am Orte (der unsern
Konrad überlebte), auch noch selbst für einen Nachfolger Sorge
getragen haben, der das Werk zu erträglichem Abschluss
führte. So mag das Ganze um 1290 ediert worden sein.

Im Silvester,

der, wie der erste Teil gezeigt hat, für den Nachweis der
allgemeinen Copierung des Stils reichliches Material bot, haben
wir seinem Inhalt entsprechend nur wenige Stellen, die als sichere
Reminiscenzen unseres Dichters gelten können.

---

[1]) Ausdrücke wie *du gefuogte ez sich alsus*, wie sie im PvSt noch 109. 618. 700 begegnen, sind in der Forts. auch häufiger, als bei KvW.
[2]) vgl. Schröder l.l.

Silvester.	Peter von Staufenberg.
1077 .... *ze allen ziten in stürmen und an striten*	337 *in stürmen und in striten*
	... *zallen ziten*
1205 *davon sin trûren gar verswein*¹)	309 *davon sin truren gar zergieng.*
1382. 1589. 2085 *und sprach vil tugentliche also (:frô)*	320 *und sprach vil tugentliche also (:fro).*
5080 *ez ist also gevallen*²)	858 *ez ist also gevallen.*
. . . . *daz*	*daz . . . .*

Auffallend ist noch die in beiden Gedichten begegnende Umschreibung *sünden teil: durch hôher sünden teil* S 4300 und *miner grozen sünden teil* Peter von Staufenberg 187³) — S 187 *swaz er dô guotes hete* steht parallel zu der Lesart von *d* des V. 61 des PvSt: *swaz er des guotes hete (h* hat *gülte hete)*; ebenso S 4508 *ân argen wân* = V. 12 des PvSt nach *d (h* an *allen wan).*

Wie beim *Silvester*, wirkt auch beim

Alexius

die Zahl und Art der Anklänge weniger überzeugend, als bei den andern Konradischen Werken.

Wörtlich kehrt nur die allgemeine Formel *für wâr ich iu daz sagen sol* A 318 wieder = Peter von Staufenberg 160. — Als Reminiscenzen leichterer Art können aber noch gelten: — *A* 142 *im hete got den wunsch gegeben*: PvSt 499 *den wunsch den hat mir got gegeben* — *A* 160 *maget rich von hôher art* = PvSt 962. — *A* 324 *daz iu der hôhen sælekheit betaget hiute si min leben, daz*⁴) . . .: PvSt 850

---

[1] auch S 772 *ir trûren schiere dô verswein.*
[2] Vgl. noch 154 *dâron ez was gevallen daz* . . .
[3] Vgl. noch Anklänge, wie S 536 *pfaffen leigen,* 576 *leigen unde pfaffen*: PvSt 147 *von leien und von pfaffen* — S 804 *tiufel von der helle*: PvSt 953 *der tûvel in der helle* — S 2393. 2405. 4841 *mit schalle* = PvSt 799 — S 2011 (5178) *maniger muoter kint (barn)* = PvSt 806 u. a. m.
[4] s. S. 84 zu Tr Forts. 40439.

üch hat ein selger tag betaget daz ... — *A* 418 *in dunkte billich unde reht* (:*kneht*): PvSt 900 *ez duht sil billich unde reht* (:*kneht*): — *A* 439 *frouwe die got den werden Crist gebar:* PvSt 1137 *maget die den werden got gebar* — *A* 817. 1103 *mit schalle sprach:* PvSt 799.

[Die **Halbe Birne**, die Wolff in seiner Dissertation als ein Werkchen Konrads nachzuweisen sucht, reihe ich hier auch auf die Gefahr hin ein, dass sie dem Konrad abgesprochen werden muss. Sie ist meines Erachtens unserm Dichter sicher in Strassburg — und zwar doch wohl als ein Werkchen Konrads zu Gesicht gekommen, und dass er sie aufmerksam gelesen hat, dafür zeugen folgende auffallende Parallelen.

In beiden Gedichten wird der Held des Abenteuers einmal der *leic* genannt:

Halbe Birne.   *Peter von Staufenberg.*
44 *der ûzerwelte leie*   80 *der hohgeborne leie.*

Es ist hierbei zu beachten, dass in keinem der Werke Konrads der Held auch nur einmal diesen Beinamen trägt (*leie* bei Konrad nur in ausgesprochenem Gegensatz zu *pfaffe*[1])), und es ist auch bezeichnend, dass in beiden Werken von so geringem Umfang der Held gleich am Beginn der Erzählung — V. 44 u. V. 80. — so genannt wird. Dazu kommen:

9 *die jähen ir des besten*   88 *davon man im daz beste jach*
                                   115 *die muostent im daz beste jehen.*
16 *was ez sô gevallen*   858 *ez ist also gevallen.*
38 *er bluote sam ein bernder zwic* 148 *er blüejet als daz mandelris*
an[2]) *êren und an*[2]) *tugende* *an tugent und an ere.*

---
[1]) vgl. zu *HB* 44.
[2]) KvW, der sich dieses Bildes öfters bedient, hat als Präposition dabei nie *an*, sondern *in!* s. o. S. 12.

122 *gar tobelichen er dô swuor* 154 *vil manger tobelichen swuor* [1]).

Es wäre hier vielleicht noch zu erwähnen, dass *stolz*, das bei KvW nur im *P* und *Tr* vorkommt [2]), als Epitheton von *ritter* (PvSt 91 u. 131 *stolzer ritter*) sich nur aus *HB* 59 *mangem stolzen ritter* belegen lässt; auch *wol gezogen* als Epitheton von *ritter (34 ritter wol gezogen)* findet sich nur *HB* 458 (s. o. S. 44). — Vergl. noch *HB* 514 *beschehen* zu *beschehen* PvSt 461. 1094. 1126. — *HB* 393 *der frouwen minnen art*: PvSt 428 *der minne art*.

Es bleiben von den Werken Konrads noch übrig *Turnei von Nantheiz, Pantaleon, Goldene Schmiede, Klage der Kunst, Lieder und Sprüche*. Für den die allgemeine Nachbildung des Stils behandelnden Teil waren sie nicht belanglos: sie lieferten eine nicht geringe Anzahl von Belegen für im Peter von Staufenberg vorkommende Epitheta und Wendungen. Der Beweis aber, der sich von den andern Werken Konrads für jedes einzelne teils mit Gewissheit, teils wenigstens mit einem hohen Grade von Wahrscheinlichkeit erbringen liess, dass sie der Dichter des Peter von Staufenberg gekannt und gelesen hat, ist für sie schwer zu erbringen. Es ist wohl möglich, dass auch sie zu der Lektüre Egenolfs gehört haben — wir haben in ihnen Verse, die sich sogar wörtlich im PvSt finden, und auch ganze Gedanken, die wenigstens dem Sinn nach in unserm Gedicht wiederkehren; aber wirklich überzeugende Reminiscenzen sind nicht vorhanden.

Im Turnei von Nantheiz,

der von Konrad wahrscheinlich vor seiner Strassburger Zeit gedichtet und nur in einer Handschrift, der sogen. Würzburger, jetzt in München befindlichen Sammelhandschrift überliefert ist, könnten ganz am Schluss der viert- und drittletzte

---

[1]) eine Wendung, die sich aus KvW nicht belegen lässt. *swern* noch 904 *vil manger fürst begunde swern*; bei KvW sonst *swern* sehr oft: Beisp. bei Wolff *HB* 404 Anm. Beisp. für *tobelichen* s. bei Jänicke S. 43 zu der Stelle und *HB* 122 Anm.

[2]) Wolff zu *HB* 59.

V. 1153 und 1154 *ritter unde* an PvSt 64 *liez von im ent-*
varnde diet *wichen*
mit hôhen gâben er be- *nie dekeinen v a r n d e n*
riet *m a n*
er muoste sine g a b e han.
erinnern.
Vergl. noch 1022 *vil rosse machten kere* und PvSt 94
macht mangen satel lere.

Aus dem

Pantaleon

kommen in Betracht das formelhafte

381 *in herzen und in* = PvSt 7 u. 401 *in herzen*
muote *und in muote*
und 1485 *mit lobelichem* = PvSt 517 *mit lobeli-*
schalle[1]) *chem schalle.*

Die Goldne Schmiede

zeigt, ihrem Inhalt entsprechend, noch weniger, was im Peter von Staufenberg wiederklingt. Vergl. 259 *dirre wilden welt:* PvSt 89 *in diser wilden welte wit* — 862 *dû schœne mandelboumes bluot:* PvSt 148 *er . . . blüejet als daz mandelris* — 1720 *dich, himelkünegin*[2]): PvSt 530 *Maria himelkünigin.*

Die Lieder und Sprüche

würden an dieser Stelle kaum herangezogen werden, wenn nicht der sonst bei KvW nicht zu findende *E ren van*[3]) 23,47 den einzigen Beleg bildete für den im PvSt 839 begegnenden Ausdruck *daz er wol füert der Eren van.* Auch 15,61 *an dinen armen lâz erwarmen mich* bietet die einzige Parallele zu PvSt 1074 *daz ich mit sol erwarmen mit fröiden an dem arme din;* es ist allerdings auch sonst ein geläufiger Reim. — Vergl. noch 2,39 *In dirre witen werlde kreizen:* PvSt 89 *in diser wilden welte wit* und 611 *in der witen welt.*

---

[1]) auch = Tr 10281.
[2]) allerdings allgemein gebräuchlicher Ausdruck.
[3]) *Eren hort, krone, leitestap* etc. öfters bei KvW, nicht aber *Eren van;*
s. o. S. 28.

Aus der **Klage der Kunst** finden sich im Peter von Staufenberg so gut wie keine Entlehnungen. Was hätte den Dichter des PvSt bei dem einem vollkommen andern Gedankenkreise angehörenden Stoffe, der überdies in strophischer Form behandelt war, auch als willkommene Reminiscenz dienen sollen?

Es erübrigt hier noch, kurz auf einige Anklänge des PvSt an Stellen aus Konrads Gedichten hinzuweisen, die, wenn sie auch nicht auf die Lektüre eines bestimmten Werkes zurückzuführen sind, doch unter den allgemeinen Begriff Reminiscenz fallen. Wir begegnen nämlich im PvSt gewissen Gedanken, die bei Konrad in bestimmten Situationen stets wiederkehren, die bei ihm sozusagen Gemeinplätze geworden sind. Als Ausdruck grossen Schmerzes erscheint typisch das Ringen der Hände, Ausraufen der Haare oder Erbleichen und Verstummen u. dgl. m. Auch hierin nun lässt sich eine Abhängigkeit Egenolfs von Konrad erkennen, wenn sie sich auch nicht, wie bei den oben verzeichneten Entlehnungen, bis auf den einzelnen Ausdruck und den Wortlaut erstreckt:

PvSt 1152 *manger sine hende vor schrecken clegelichen want*: ganz ähnl. liest man bei Konrad *S* 076. 1963. *A* 350. 1096. *Schw* 1196. *M* 336. *P* 14738. 15551. *Tr* 4140. 22584. 28645. 29248. 84976 u. ö. — PvSt 1042 *sin har er ziehen do began und zarte ez uz dem houpte sin*: *A* 1020. *P* 9708. 17513. *Tr* 12112. u. ö. — PvSt 874 *er erschrocken was so gar daz er nüt mohte sprechen*: *P* 7940 *daz er doch niht mêr gesprechen mohte ein kleinez wort*, ähnl. auch bei *E* 3555. — PvSt 1073 *nu müeze ez got erbarmen*: *P* 10900 *got müeze erbarmen daz*; *E* 2203. 5713. — PvSt 899 *ez nieman erwenden kan*: *Tr* 22798 *ez mac nieman erwenden*, und ähnl. öfters.

Auch beliebte Uebergänge unseres Dichters lassen Stellen Konradscher Gedichte durchblicken. Dass der Uebergang zum Thema seines Gedichts V. 46 *alsus die rede vahet an* demselben im *P* V. 232 *hie sol diu rede vâhen an* entsprach, ist oben schon erwähnt. — PvSt 169 *und fuogt ez sich uf einen tag*, und ähnl. 618. 700. 755 haben ihre Parallelen in *A* 1056. *P* 10595. 10723. *Tr* 4005. 4776. — Der Abschluss der Rede des alten Weisen V. 699 *der rede wart geswigen do* war wörtlich = *P* 13748; auch V. 803 *hiemit*[1])

---

[1]) hiemit als Abschluss von direkten Reden im PvSt noch 534. 748. 1013. 1145. 1149, bei KvW sehr oft: *E* 384. 738. 2308. 2583. *Tr* 496. 2010.

die frouwe uf gestuont gleicht sehr *hiemite stuont er uf zehant* P 13043. *Tr* 2791. — PvSt 667 *mit disen und andern worten sin: mit disen worten (unde also) Pant* 436. 617. 1852. 1913. *Schw.* 833. A 566. 641. 1161. E 5957. P 2592. 19703. *Tr* 2551. 3183. 5441. 15137 u. ö. — PvSt 817 *sich huop* . . . ist ein sehr beliebter Versanfang bei Konrad: vergl. *Schw* 990. 1270. *Tr* 16345. 25214. 25264. *S* 1839. *Pant* 184. 756. 1468. 2101 u. ö.

Die vorstehende Liste der Reminiscenzen hat gezeigt, dass eine grosse Anzahl Verse direkt und wörtlich dem Vorbild entnommen ist; eine ganze Reihe davon — und nicht blos formelhafte — findet sich mehrmals bei Konrad belegt, andererseits kehren einige davon auch bei unserm Dichter mehrmals wieder. Der Uebersichtlichkeit halber stelle ich **die wörtlich aus KvW wiederkehrenden Verse unseres Gedichts** hier zusammen:

7 } *in herzen und in muote* = E 5813. *Pant* 381. *Tr* 15954.
401 } 17853. P 2532 u. ö.

10 } *der getriuwez herze nie*
412 } *mit der hilfe sin verlie* = *M* 328.

62 *der edel und der stete* = P 1096. *Tr* 4160.
160 *fürwar ich üch daz sagen sol* = P 4554. A 318.
166 *birsen beizen unde jagen* = W 26. P 1993.
213 *von fleische noch von beine* = *Schw* 276. P 8526.
232 *von palmatsiden rosevar* = *Schw* 120.
254 *die naht wart nie so dunkel* = *Tr* 26244.
320 *und sprach vil tugentliche also* = S 1382. 1589. 2085.
372 *mir kunde liebers nüt geschehen* = P 1954.
387 *biz an den jungestlichen tag* = *Tr* 12328. 19388. 23308.
(lip unde leben) 23738. 25362.
418 *für eigen üch wil iemer geben* = P 1666. *Tr* 4454.

444 }
494 } *er sprach: genade, frouwe min* = W 160.

485 *uf der geblüemten heide* = *Schw* 944. *Tr* 26043. 30105 u. ö.
517 *mit lobelichem schalle* = *Tr* 10281. *Pant* 1485.
550 *des wart er froidenriche* = *Tr* 18016.
569 *mit armen umbeslozzen* = E 3261. *Tr* 9157.
580 *Genade, frouwe, sprach er zir* = P 2775.

5712. P 1584. 11816. 11924. 12016. 13981. *W* 231. *A* 240. 750. 874. *s* 1391. 1777. 3985. *O* 290. 336. 510. *M* 213. 366. *Pant* 267. 1104. 1799 u. ö.

603
769 } *mit einer wunneclichen schar* = P 12415. Tr 24905.

605
1107 } *graven frien dienestman* = O 83.

608 *ein rehter lantvarere* = E 2830.
617 *mit libe und ouch mit guote* = Schw 472. P 6503.
699 *der rede wart geswigen do* = P 13748.
713 *ach herzeliebe frouwe min* = P 14304. Tr 8124.
793 *des libes und des guotes* = Tr 6503. 30123.
858 *ez ist also gevallen* = S 5080.
876 *die werden und die frechen* = O 298. Tr 11566.
936 *sü sprachent algemeine* = Tr 7806.
952 *der tüvel in der helle* = P 7656.

993
1027
1084 } *bede frouwen unde man* = E 136. Tr 1161 u. 8.
1173

[1094 *mit grozem jamer daz beschach* = Tr Fortsetzung 40553.

Rechnet man zu diesen sich wörtlich deckenden Parallelen die Verse unseres Märchens, die nicht gerade bis auf den Buchstaben mit Versen des älteren Dichters übereinstimmen, aber doch mit ganz geringer Abänderung des Wortlauts der Quelle wiederkehren, wie 368—69 *Wol mir daz ich disen tag gelebte ie, des fröuwe ich mich* (= W 176—77 *jâ wol mich daz ich disen tac gelebet hân, des vreuw ich mich*; vergl. noch oben W 16. 117. A 160. P 11192. 16252. M 109. S 1077. Tr 30123 —24 u. a.), dazu die Reproduction zahlreicher (meist schon im ersten Teil der Arbeit behandelter) Lieblingsausdrücke und -wendungen Konrads[1]), zieht man ferner noch in Betracht, dass sich in unserm Gedicht eine verhältnismässig recht grosse Anzahl von selbständigen Versen und Gedanken wiederholen[2]), so bekommt man ungefähr ein Bild von der Arbeitsweise unseres Dichters, von dem Grade der Anlehnung an sein Vorbild und der Selbständigkeit seines eigenen Schaffens.

---

[1]) s. o. S. 65; ich führe hier nur noch an: *ze beden siten* 42. 96. *der lob ist unverhouwen* 50. *blüejet als daz mandelris an tugent und an ere* 148. *alt du pfert is überschrite* 334 u. ähnl. 1104. *minne spil* 500. *mit schalle* 799. 823. *manger muoter kint* 806. *sin hâr er zuchen do began* 1042. *manger sine hende want* 1152 u. a. m.

[2]) s. o. S. 17 ff. u. besonders S. 20.

Zum Schluss noch einige Worte über den

Einfluss Konrads von Würzburg im Prolog und Epilog.
Als Lesepublikum für seine Aventüre wünscht sich unser Dichter die „bescheidene Jugend"; an sie richtet er im Prolog und Epilog seine Ermahnungen. Auch Konrad von Würzburg wendet sich im *Partonopier* in der Einleitung an den *bescheiden jungelinc*, und im *Schwanritter* redet er im Epilog V. 1347 *alt und junc besunder* an. Der Prolog unseres Gedichts, der bis V. 46 reicht, gliedert sich in drei Teile: 1) Bis V. 31 spricht der Dichter im allgemeinen von der Nützlichkeit der *aventüre*. 2) V. 32—45 giebt er die Ankündigung des Themas zugleich mit der Versicherung der Wahrheit seiner Märe (33). 3) Mit V. 46 leitet er zur Erzählung selbst über.

Im Epilog, der nur 14 Verse hat, folgt auf die Ankündigung des Schlusses (V. 1165) ein Rat an die Leser für ihr Seelenheil und der Wunsch des Beistandes der Maria, in den sich der Dichter selbst mit Namensnennung einschliesst.

Alle diese einzelnen Bestandteile des Prologs und Epilogs finden wir auch in den meisten Werken Konrads von Würzburg wieder, nur dass der eine oder andre Gedanke, der sich bei Konrad in einigen Werken erst im Epilog findet, bei unserm Dichter schon im Prolog begegnet.

In der folgenden Tabelle stelle ich den Prolog und Epilog unserer Märe voran und setze die frappantesten Parallelen aus den Konradschen Prologen und Epilogen daneben.

1 *Swer het bescheidenheit so vil*	*Ez ist ein, gar vil nütze dinc*
daz er aventüre wil	*daz ein bescheiden*
gerne merken und verstan.	*jungelinc*
. . . .	*gelihte gerne hære* P 1 ff.¹)
32 *ir stolzen werden jungen*	*Ir werlte minnære*
man	*vernemet disiu mære*
fürwar sag ich üch ungelogen	*wie einem ritter gelanc,*

---
¹) *diz götlīche mære; daz ist alsô geware, daz man ez billich unde wol merken unde hæren sol* S 97. *daz* (sc. *mære*) *ist alsô geware daz man es*

*von einem ritter wol
gezogen,
wie ez dem ze jüngst
gelang,
der alle zit nach eren
rang*
46 alsus die rede vahet an
1165 Hiemit die rede ein ende
hat.
*ir jungen lüte, ich gib üch
rat,
daz ir nach eren werben:
wenn ir beginnent sterben
daz man der sele spreche
wol.*
1174 . . . *got von himel . . .
darzuo die werde muoter
sin,
die tuo uns ir hilfe
schin
und si uns armen sündern
holt:
daz wünschet uns her
Egenolt.*

*der nâch der werlte lône
ranc
beidiu spâte unde vruo* W
1 ff. [1])

*hie sol diu rede vâhen
an* P 232.
*hie sol diz mære ein ende
geben* O 748 [2])
*gibe iu allen disen rât
daz ir die welt lâzet varn
wellet ir die sêle bewarn*
W 264 [3]).

*got gebe iu stæter vroiden
hort
und ewêclicher wunnen rât
und daz ich armer Kuonrât
von Wirzeburc gelebe
alsô,
daz mir die sêle werde vrô
daz helfe mir der süeze
Krist* A 1376 [4]).

gerne haren sol W 254; *suer ein getriuwes herze treit, der merke wol diz
mære* E 6474.
[1]) *sô wirt im ein histore schin, diu beide wâr ist unde guot von einem
ritter . . .* P 228; *diu rede ist âne lougen* M 18; *wil ich ein wâres mære
sagen von einem herren Paul* 27; *wil ich . . . ein wâres mære erniuwen* E
153, *diu âventûre wâr* 6483; *man sol für eine wârheit diz mære wissen unde
verstân Schw* 1328, ebenso 1349.
[2]) ebenso 764: *hie hât diz mære ein ende* = M 533 (vgl. Bartsch, Partonopier S. XI u. Haupts Zeitschr. 15, 250–52); *nû merket . . . diu endehafte mære* W 251; *diu âventiure wilde hie mite ein zil genomen hât Schw*
1352; *hie si des mares gnuoc gesaget, wan ez nû gar ein ende hât* E 6490;
der rede sol ein ende wesen S 5183.
[3]) *im wirt gelônet beidenthalp an libe und an der sêle dort . . . darumbe ich z'allen stunden wil râten . . .* S 5200; *dâ von sô râte ich
. . . A* 1353; [*darumbe wil ich râten allen guoten wîben daz . . . HB*
486, *daz ist min bete und ouch min rât HB* 507.]
[4]) *von Wirzeburc ich Cuonrât . . . got lâze uns hie sô wol geleben daz
wir besitzen immer dort der êweclichen freuden hort Schw* 1354. *von Wirzeburc ich Cuonrât muos im iemer heiles biten* O 760; *daz mir Cuonrâdes von
Wirzeburc daz heil geschæhe GS* 120. *von Würzeburc ich Cuonrât erfülle gerne
. . . P* 192. *von Wirzeburc ich Cuonrât W* 263. E 208. 6492. *mich
tumben Cuonrâden von Wirzeburc S* 82. *die wünschen heiles alle deme der
diz werc gefrumet hât Pant* 2152. [*von Wirzeburc ich Kuonrât kan iu anders
niht verjehen. got lâze uns allen wol beschehen HB* 512].

Textkritisches.

Während Jänicke seinen Text fast ausschliesslich auf die Handschrift *(h)* begründet, ja eine Untersuchung des Verhältnisses, in dem der Druck *(d)* zu ihr stehe, unterlassen hatte, in dem schwer begreiflichen Vorurteil, dass der Druck aus der Handschrift stamme, hat Schröder für seine neue Recension d vielfach mit Nutzen herangezogen, ja er erklärt Zeitschrift f. d. Alt. 38, 105, dass sich seine Wertschätzung der Druckversion im Verlaufe der Arbeit mehr und mehr gesteigert habe. Ich selbst habe oben in meiner Arbeit vielfach Lesarten von *d* aus Schröders Apparat zum Vergleich hervorgeholt und bin in der Tat der Meinung, dass sich da, wo wir die stilistische Nachahmung oder Analogie zu Konrad in den Druckvarianten deutlicher als in der Handschrift erkennen, jene zur Aufnahme in den Text empfehlen. Hier geb ich ein übersichtliches Verzeichnis der besprochenen Stellen, wobei ich die für die Entscheidung unsichern Fälle in Klammern schliesse:

(V. 12: S. 26^2. 84^1. 86 mitten.) — V. 41: S. 12^2. 14^2. 20^1. — (V. 187: S. 86 mitten. — V. 196: S. 32^1.) — V. 278: S. 63^1. 82^1. — (V. 446: S. 64^2.) — V. 542: S. 11 unten. 18^2. — V. 684: S. 83 oben. — (V. 724: S. 52^1.) — V. 793: S. 12^1. 31^2. 82^7. — V. 861: S. 43^1. 65^1. — V. 894: S. 41^1. — (V. 905: S. 58^1. 65^2.) — V. 1005: S. 9^1. 47 f. 59^1.

Inhalt.

	Seite
Einleitung	3
I. Teil. Allgemeine Nachbildung des Stils Konrads von Würzburg	6
Fülle an Synonymen	7
Aufführung der einzelnen Personen unter wechselnden Bezeichnungen	9
Neigung für gepaarte Ausdrücke	10
Doppelpaarige Verbindungen	14
Dreigliedriges Asyndeton	15
Parallelismus der Gedanken	15
Breite der Darstellung:	16
Wiederholungen	17
Häufige Berufung des Dichters auf die Quelle	22
Bestreben die Wahrheit des Gesagten zu betonen	22
Flickverse	23
Umschreibungen	23
Metaphern und Vergleiche	27
Antithese, Litotes; Anapher	29
Enjambement	30
Einiges Syntaktische:	30
Syntaktischer Parallelismus	30
Wiederaufnahme von voraufstehenden Satzteilen	33
Das Epitheton:	33
Gegenüberstellung von Konrad von Würzburg und Peter von Staufenberg	35
Lieblingsepitheta Konrads im PvSt	65
Lieblingsepitheta des Dichters des PvSt	66
II. Teil. Reminiscenzen aus Konrad von Würzburg	68
Der Werlte lôn 70. Daz Mære von der Minne 72. Otte mit dem barte 72. Schwanritter 73. Engelhard 74. Partonopier 75. Trojanerkrieg 80. [Fortsetzung des Trojanerkrieges 83.] Silvester 85. Alexius 86. [Halbe bir 87.] Turnei von Nantheiz 88. Pantaleon 89. Goldne Schmiede 89. Lieder und Sprüche 89. Klage der Kunst 90.	
Gemeinplätze Konrads im PvSt	90
Verzeichnis der wörtlich aus Konrad wiederkehrenden Verse	91
Einfluss Konrads im Prolog und Epilog	93
Textkritisches	95

Lebenslauf.

Ich, Alfred Paul Jäckel, evangel. Konfession, wurde am 26. Dezember 1868 als Sohn des 1892 verstorbenen Stadtgartenbesitzers Ernst Jäckel zu Görlitz in Schlesien geboren, besuchte daselbst von Ostern 1875 an die Mittelschule, das Realgymnasium und das Gymnasium; letzteres verliess ich Ostern 1887 mit dem Zeugnis der Reife. Darauf widmete ich mich bis Ostern 1892 auf den Universitäten zu Berlin, München, Wien und Marburg dem Studium der klassischen Philologie und Germanistik. Im Sommer 1893 bestand ich in Marburg das Staatsexamen. Zu meiner prakt. Ausbildung war ich von Michaelis 1893 bis dahin 1895 dem Kgl. Friedrichs-Gymnasium in Cassel und dem Kgl. Realgymnasium in Wiesbaden überwiesen; am 1. Oktober 1895 erlangte ich das Zeugnis der Anstellungsfähigkeit. Vom 1. Oktober 1895 bis dahin 1896 leistete ich in Görlitz beim Inf.-Rgt von Courbière (2. Pos.) Nr. 19 meiner Militärpflicht Genüge. Von Neujahr bis Ostern 1898 war ich wissenschaftlicher Hilfslehrer am Kgl. Friedrichs-Gymnasium in Cassel, von da an bin ich in gleicher Eigenschaft am Kgl. Wilhelms-Gymnasium daselbst beschäftigt.

Während meines Studiums hörte ich Vorlesungen bei folgenden Herren Professoren und Docenten: *Benndorf, Bergmann, Birt, Brenner, v. Brunn, Carriere, v. Christ, W. Dilthey, Geiger, Gollher, Graf, v. Hartel, Heinzel, Jastrow, Judeich, F. Kauffmann, Kirchhoff, M. Lehmann, Minor, Niese, v. d. Ropp, Schenkl, Erich Schmidt, Leop. Schmidt, R. Schöll, Schrader, Edw. Schröder, Sittl, Steinthal, Stosch, Vahlen, Vogt, Wissowa, Wölfflin, Wrede, Zeller.* Ihnen allen fühle ich mich zu aufrichtigem Danke verpflichtet. Besondern Dank schulde ich noch Herrn Prof. Dr. Edward Schröder, der mir bei der Wahl und Ausführung dieser Arbeit mit seinem Rate freundlichst zur Seite gestanden hat.